図解 授業・学級経営に成功する
4年生の基礎学力
無理なくできる12か月プラン

監修：学力の基礎をきたえどの子も伸ばす研究会
著：図書啓展

フォーラム・A

本書の構成と特長

構成◎1年間の見通しをもって

1. 子どもの発達をふまえて、1年間を月ごとに分けています。
2. 各月を読み・書き・計算（算数）・学級づくりの四つのテーマで分けています。
3. 四つのテーマに取り組む時期を月ごとに提案することで、
   - 基礎学力づくりに**1年間の見通し**をもって取り組むことができます。
   - **各月**の重点課題がわかり、**優先順位**を決めることができます。
4. 右ページでは、イラストや使用する教材・プリント・資料などで**図解**しています。
   - 実践の順番やポイントが一目でわかります。
   - 教材・教具のつくり方がわかります。
5. 四つのテーマのほかにも、執筆者の「おすすめの実践」を載せています。
6. 巻末には、コピーしてすぐ使えるプリントや読書カードなどを掲載しています。

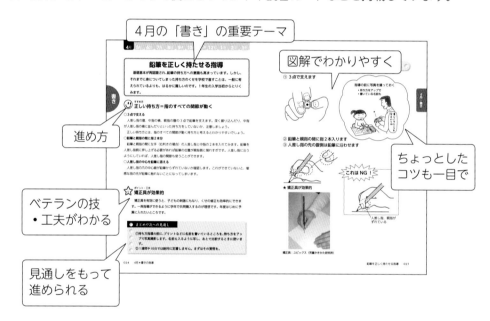

こんなときに◎ベテラン教師の技に学ぶ

1. 時間がたらない、でも読み・書き・計算の力をしっかりつけたい。
   ★毎日の授業はじめの5分や給食準備のすきま時間など、短い時間を積み重ねて基礎学力をつける効果的なやり方がわかります。
2. 重要単元・重点教材を学習するときに役立つ情報がほしい。
   ★いつどんな準備をしたらよいか、授業全体を通して留意することは何かがわかります。
3. 学力づくりを学級経営の柱にしたい。
   ★みんなで協力し合って学力をつけていくやり方がわかります。子どもたちは伸びが実感でき、温かいゆとりのある学級文化が育ちます。

巻末のプリント、テンプレートはすべてコピー・フリー

はじめに◎「学び」は子どもたち一人ひとりのものに

さまざまな教育課題にこたえる基礎学力

　ある経済誌で、小学校教師への調査で2000人のうち61％が「今の子どもたちに身につけさせたい力や育成したいもの」として「基礎的、基本的学力」と答えた、という記事を見つけました。

　学校教育の課題は多く、重点が大きく揺れることも少なくありません。「ゆとり教育」から「学力向上」に教育目標が転換されたり、「課題解決型学習」「英語教育」「道徳教育」と次々に研究テーマが提起されたりします。そうした変化や提起と、目の前の子どもたちの課題との間で教師たちが最も懸念しているのが「基礎学力」だと、この調査結果は示しています。

　私たち「学力の基礎をきたえどの子も伸ばす研究会」は、「読み書き計算」の基礎学力をテーマに研究を重ねてきました。授業づくり、学級づくりも基礎学力の定着・伸長とセットにとらえ、堅牢な基礎学力の上にこそ豊かな授業や学級の華がさくと考えています。

　時代とともに新しい授業技術・教育技術が開発されます。それが優れたものであるかの評価は、学びの主人公である子どもたちが成長することでしかできません。「教科書が読める」「文が書ける」「計算ができる」、これら当たり前のことを一人ひとりの子どもができて「課題解決型学習」や「協働学習」も成果があがります。

子どもを育て、学級を育て、授業をつくる基礎学力

　基礎学力をつける実践は、教科内容とは一見離れているように思えるのでつい後回し、という声も聞かれます。しかし実は、教育課程にそった目標を達成させる近道でもあります。それは、

- 大がかりでなく、毎日の短時間の積み重ねでできます。
- 特別な教材教具の必要がなく、今からでもすぐに取り組めます。
- 成果が目に見えるので、子どもに自己肯定感が育ちます。
- みんなで賢くなる実践・取り組みなので、温かな学級文化が育ちます。

　読み書き計算の基礎学力づくりは、それらの力とともに、子どもに根気強く、粘り強くやり続ける心性を育て、総合的・創造的に物事を考えていける力をつけます。これらは、将来にわたって子ども一人ひとりの揺るがぬ根となり、支え続けることでしょう。

　本書をお使いいただき、ぜひ今日から基礎学力づくりに取り組んでみてください。あらたな発見がたくさんあるでしょう。

　2016年2月　著者を代表して
　　　　　　学力の基礎をきたえどの子も伸ばす研究会　常任委員長
　　　　　　図書　啓展

学力・学級づくり年間計画表（例）

	4月	5月	6月	7月
重点	**1学期** 聞く力を育てるなど、学習規律を整えます。漢字・計算のさかのぼり指導で自信と意欲を育てます。			
読む力	・音読の指導 　聞き手を意識して 　変化のある反復 ・読書指導 　学級文庫の充実	・説明文の指導 ・読書5000ページ 　への旅 ・国語辞典を使いこなす		 ・漢字辞典に親しむ
書く力	・漢字の実態調査 ・リズム漢字で 　さかのぼり指導 ・新出漢字の指導 ・ていねいな字 ・連絡帳の指導	 ・ノート指導	 ・ローマ字復習	・1学期の漢字復習
計算	・計算力実態調査 ・さかのぼり指導 ・100マスかけ算	・100マスたし算 ・100マスひき算	・基本わり算A型 ・基本わり算B型	・基本わり算C型
		・コンパス、分度器	・÷1桁のわり算	
学級づくり	・学級開き ・学習ルールの指導 ・聞く力を育てる ・家庭学習の指導 ・家庭訪問	・話す力を育てる ・地図帳に親しむ		・学期末個人懇談会

9月	10月	11月	12月	1月	2月	3月
2学期 読み書き計算を大切にした取り組みを継続し、「÷2桁」を習得させ、落ち着いた学級づくりをめざします。				**3学期** 小数・分数の難しい計算の定着をはかり、漢字・計算の総復習に取り組んで、自信をもって5年生へ。		
	・読解力を伸ばす ・読書月間 30冊への旅	・文学教材の指導「ごんぎつね」 ・読書指導		・群読にチャレンジ		
	・箱作文で大作を ・ローマ字入力		・2学期の漢字復習	・新出漢字終了 ・2分の1成人式に向けて「将来の夢」「家族への感謝」	・リズム漢字で総復習（プリントを使って）	
・再スタート	・2年3年の計算				計算の総復習	
・÷2桁のわり算	・÷2桁のわり算	・算数の進度が遅れないように		・小数のかけ算 ・小数のわり算	・分数のたし算 ・分数のひき算	
・夏休み明けの指導		・リズムを意識して ・「かっとばせ！都道府県」	・百人一首を楽しもう		・2分の1成人式	・クラス解散パーティー

もくじ

本書の構成と特長	002
はじめに	003
学力・学級づくり年間計画表（例）	004
がんばりぬく４年生	009

４月

読み
- 音読指導１◎音読のルールを徹底する ……… 010
- 音読指導２◎音読練習のバリエーション ……… 012
- 読書指導１◎学級文庫の充実 ……… 014
- 読書指導２◎読書時間の確保 ……… 016
- 読書指導３◎図書室での指導 ……… 018

書き
- 漢字の実態調査 ……… 020
- リズム漢字で漢字のさかのぼり学習 ……… 022
- 新出漢字の指導１◎教え方マニュアル ……… 024
- 新出漢字の指導２◎練習＆テストシステム ……… 026
- ていねいな字を書かせる１◎鉛筆の持ち方と姿勢 ……… 028
- ていねいな字を書かせる２◎ひらがな・かたかな ……… 030
- 連絡帳を使って ……… 032

計算
- 計算力実態調査 ……… 034
- 計算のさかのぼり指導１ ……… 036
- 計算のさかのぼり指導２◎100マス計算 ……… 038
- 計算のさかのぼり指導３ ……… 040

学級づくり
- 学級開き ……… 042

		学習のルール◎聞く力を育てる	044
		家庭訪問で子ども理解を深める	046
		家庭学習・宿題の指導はこのように	048
5月	読み	読書指導4◎読書5000ページへの旅	050
		国語辞典を使いこなす	052
		説明文の指導	054
	書き	見やすいノート指導	056
	計算	コンパス・分度器の指導	058
	学級づくり	話す力を育てる	060
6月	書き	ローマ字の定着1◎言葉が書ける	064
		ローマ字の定着2◎文章が書ける	066
	計算	計算のさかのぼり指導4	068
		わり算の筆算（÷1桁）	070
7月	読み	漢字辞典に親しむ	072
	書き	1学期の漢字復習	074
	学級づくり	学期末個人懇談会	076
9月	計算	わり算の筆算1（÷2桁）	078
		わり算の筆算2（÷2桁）	080
	学級づくり	夏休み明けはこのように	082
10月	読み	読解力を伸ばす	084
		豊かな読書活動	086
	書き	箱作文で大作にチャレンジ	088
	計算	わり算の筆算3（÷2桁）	090
		わり算の筆算4（÷2桁）	092

		わり算の筆算5（÷2桁）	094
11月	読み	文学教材の指導1◎ごんぎつね	096
		文学教材の指導2◎ごんぎつね	098
	計算	わり算の筆算が苦手な子への指導	100
	学級づくり	リズムを意識して	102
12月	計算	算数の進度が遅れたら	106
	学級づくり	百人一首を楽しもう	108
1月	読み	群読にチャレンジ	110
	書き	2分の1成人式◎将来の夢	112
		2分の1成人式◎家族への感謝	114
	計算	小数のかけ算	116
		小数のわり算1	118
		小数のわり算2	120
2月	書き	「リズム漢字」で漢字の総復習	122
	計算	分数のたし算	124
		分数のひき算	126
	学級づくり	2分の1成人式	128
3月	計算	計算の総復習	130
	学級づくり	クラス解散パーティー	132

おすすめの実践	地図帳に親しむ	062
	かっとばせ！都道府県	104

がんばりぬく4年生

一所懸命さと自主性の表れ

　4年生は小学校でもっとも安定した時期であり、担任の先生もやりがい・教えがいを感じることのできる学年です。学習や運動、係活動や学校行事にも一所懸命のがんばりを見せ、いろんな能力がぐんぐん伸びていきます。

　3年生のときよりも自分のことを深く考えたり、友だちの立場に立って考えたりすることができるようになります。

　一方で、親ばなれ、教師ばなれの傾向も見えはじめます。親御さんに「うるさいな」「ほっておいて」といったり、教師に「先生も廊下を走ってる」などつっこんできたりします。これは反面、自主性の表れ・成長の証であり、間もなく訪れる思春期へのステップなのです。

漢字・熟語の習得と「÷2桁」の習熟がもっとも大切

　4年生の学習は、なかなか難しくなります。つまずく子も出てきます。

　3年生までのいわば「見える・体験できる」学習から、「見えにくい・抽象的な」学習へと変わってきます。日常生活ではあまり使われない小数や分数の計算が出てきます。「回路」や「垂直」など、どの教科でも概念語や抽象語が多く登場してきます。

　そこでどうするか。まず、具体的なイメージをもたせることが指導のカギです。

　もう1つは、漢字・熟語の習得に力を注ぐことです。3年生のときよりも漢字の識別能力がついて漢字テストのミスも減ってきます。漢字の習得や抽象語・概念語の理解を国語の授業時間だけでなく、さまざまな教科・場面で重視することです。さらに、読書指導で本好きな子にし、言語力をうんと伸ばしましょう。

　4年生はたし算・ひき算・かけ算・わり算＝四則計算の完成期です。「÷2桁」は入学以来習ってきた計算の総決算ともいうべき計算です。「÷2桁」をどの子もスラスラとできるようにさせることで算数好きな子どもになっていきます。そのために1学期から基礎計算のさかのぼり学習にコツコツと取り組みましょう。本書では、そのくわしい方法を示しました。

学力づくりで学級づくり～仲間と力を合わせて

　実は、いじめの起こりやすい時期でもあります。早期発見が何より大切です。集団の力は前向きなエネルギーとして活用すべきです。4年生の子どもたちにとって仲間といっしょに学習し、話し合い、活動をすることは大きな喜びです。学力づくりでみんなが連帯する学級づくりをめざしましょう。力を合わせてみんなでかしこくなる、そのような学級づくり・学年づくりでこそ、どの子も伸びるのです。

4月 5月 6月 7月 8月 9月 10月 11月 12月 1月 2月 3月

読み

音読指導1 ◎音読のルールを徹底する

子どもたちは「大きな声で、はっきりと」という形だけの指導にはもう飽き飽きしています。聞き手や作者を意識させることで、音読のレベルが高まります。4月のスタートに、音読指導を徹底しましょう。

😊 すすめ方 聞き手や、作者を意識して音読する

音読の心地よいクラスは、みんなで高め合うクラスです。

次のルールを板書し、実際に音読させます。聞き手や作者を意識させ、「なぜはっきりと大きく読むのか」を理解させれば、音読は変わります。

○音読のルール

1　聞き手を意識して読む

　明るくて、聞き手が教科書を見なくてもわかるように。

2　作者・筆者を意識して読む

　①字の大きさの声で読む

　　題名は字の大きさが2倍なので、2倍の大きさの声で読む。

　　作者名は小さく、はっきりと。

　②字や行があいているところは、間をあけて読む。

　　間をあけないのは「間ぬけ」、あけすぎるのは「間のび」。

　③読点「、」までは一息に読む。読点で息を吸い、読点の次の音は大きく明るく読む。句点「。」ではその文で書かれていたことを思い浮かべる。

⭐ ポイント・工夫 最初のやり直しでレベルを上げる

何ごとも最初が肝心です。題名を2倍の声で読むことや、読点の次の音は大きく明るく読むことなど、できるまでやり直しをさせます。教師の求めるレベルにひき上げていきます。できるようになれば、大いにほめます。

● まとめや次への見通し

○「最初の学習参観で、おうちの人が教科書をもっていなくても君たちの音読を聞いて授業に参加できるようにしよう」と呼びかけ、参観まで音読指導に重点をおいて指導します。

音読のルール

○ 聞き手を意識して読む

○ 作者・筆者を意識して読む

①字の大きさの声で読む。

②字や行があいているところは、間をあけて読む。

③読点「、」までは一息で読む。読点で息を吸い、次の音は大きく明るく読む。

音読指導2 ◎音読練習のバリエーション

機械的に何回読みなさい、といっても子どもの音読は上手になりません。音読指導のコツは、「変化のあるくり返し」です。さまざまなバリエーションを活用して、変化をつけながら何度もくり返して音読させます。

すすめ方
連れ読みは音読の基本

○範読

教師が2ページほどを、心をこめて音読します。そのときわからない漢字の読み方にはふりがなを打たせます。

○連れ読み

教師が句読点で切って手本を示し、子どもたちが一斉読みでまねをする読み方です。音読の導入段階で行います。音読の苦手な子も意欲的に取り組みます。途中「上手！」「声がそろっている」「やり直し」などの評価を入れながら2ページほど音読します。

○めいめい読み

一人ひとりが自分の声を聞きながら2、3回音読します。声はそろいません。

○一斉読み

全員で声を合わせて読みます。読点で息つぎをさせます。

○指示はさみ読み

教師の「全員」「女」「男」「田中さん」などの指示で、瞬時に切り替えて音読させます。もっとも高度な音読法です。

ポイント・工夫
指示はさみ読みで仕上げる

指示はさみ読みは、起立させて、テンポよく次のようにします。

教師「全員」　　子ども「これは、レモンのにおいですか。」
教師「女」　　　女子「ほりばたで乗せたお客のしんしが、話しかけました。」

● まとめや次への見通し

○連れ読みからは、起立させて音読に集中させるようにします。全体の音読レベルが上がってから、一人ひとりに座席順で読ませたり、指名読みをさせたりしてきたえます。

音読練習のバリエーション

○ 範読

○ 連れ読み

○ めいめい読み
　一人ひとりが自分の声を聞きながら２～３回読む。

○ 一斉読み

○ 指示はさみ読み

読書指導1 ◎学級文庫の充実

読書によって想像力や語彙力も伸び、結果として学力が伸びる土台が築かれます。でも学力のための読書ではありません。本好きな子どもに育てるためです。学級が落ち着いてきたら、読書環境を整えはじめます。

すすめ方
学級文庫の充実からスタート

○**学級文庫を充実させる**

読書活動を進めるには、身近に本がたくさんあることが一番の早道です。各教室の文庫を整備しているところもあります。でも、本が少ないようならさまざまな方法で増やし、学級文庫を充実させましょう。

○**本を増やす方法**

①古書店で、痛みの少ない子ども向けの本を買う。

②家庭に呼びかけて古くなった本を譲り受ける。

③学校の図書室で廃棄処分になる本を譲ってもらい、修繕する。

④公共図書館での団体貸し出しを利用する。

　期間は限られますが、学級の人数分は借りられますし、学年全体で借りれば、途中、学級間で交換して2倍、3倍の冊数は読むことができます。

⑤新刊の絵本や児童書を買い、子どもたちに紹介してから学級文庫に入れる。

などなど…子どもたちにも協力してもらいましょう。

　学級文庫には200冊くらいはほしいですね。

ポイント・工夫
本の管理にも目を向ける

学級文庫は、みんなで読むものです。落書きはしないなど大切に扱うように指導します。手間ですが、背表紙のところにテープを貼り、番号を書きます。係活動にするといいですね。ときどきチェックして痛んだ本は廃棄することです。

● **まとめや次への見通し**

○本を増やして学級文庫を充実させるとともに、いつも読みかけの本をもたせます。おもしろい本、楽しい本など質のよいものにも目を向けさせます。

本好きな子どもに育てる１

○ 学級文庫を充実（環境を整える）

○ **本を増やす方法**
　①古本屋でさがす。
　②家庭でいらない本を譲り受ける。
　③学校の図書室の廃棄本をもらう。
　④公共図書館の団体貸し出し。
　⑤新刊本を買い入れる。

読書指導2 ◎読書時間の確保

一人ひとりの子どもが読書を習慣にするには、読書環境の充実が不可欠です。1つは本を用意すること（前項）、もう1つが本を読む時間を確保することです。

すすめ方 いつも読みかけの本をもとう

○いつも読みかけの本をもたせる

机の中、または机の横にさげた袋に、いつも本を1冊、短い本なら2冊入れさせます。学級文庫のほか、図書室で借りた本、家からもってきた本、どれでもOKです。ただし、まんがは禁止（学習まんがは除く）です。

空白の時間は読書して待ちます。授業中の課題やテストの終わった後、発育測定や視力検査などの保健行事の後など、すきまの時間は読書して待つということを学年はじめから徹底します。これに成功すると1年間とても快適に過ごせます。

○朝の10分間読書を進める

曜日を決めて、週1回～週5回まで実態に合わせて進めましょう。また、秋の読書週間など期間限定で進めるのもいいでしょう。

○朝の読書三原則

①前もって本を1冊決めておく。
②8時30分から席について読む。
③話しかけずに静かに読む。

☆ ポイント・工夫 ときどき読み聞かせを

ちょっとしたあき時間、図書の時間のしめくくりや給食の終わりかけの時間を活用して、ときどき読み聞かせをしてやります。短い本がいいです。逆に、連続テレビ小説のように、少しずつ毎日続きを読むのもいいでしょう。

● まとめや次への見通し

○学年はじめから読書の習慣をつけていき、秋には読書月間など、多彩な取り組みをして変化をつけるようにします。

本好きな子どもに育てる2

○ いつも読みかけの本をもつ

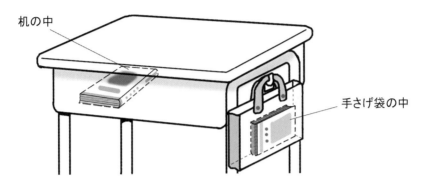

○ すきま時間を利用して読書を進める

○ 朝の10分間読書

朝の読書三原則

①前もって本を1冊決める。

②8時30分から席について読む。

③話しかけずに静かに読む。

読書指導3 ◎図書室での指導

せっかくの読書の時間なのに、子どもたちがおしゃべりをしていたり、うろうろしていたりして、にぎやかになっていませんか？ 静かな読書の時間を確保して、読書の世界に浸らせる工夫を紹介します。

すすめ方
図書室での読書はこのように

○**借りていた本を返す**

○**読む本を選ぶ**

　3冊まで選んでいいことにします。「8分以内に選ぶ」など、時間制限を設けます。

○**静かに読書させるための4つの掟**

　①しゃべらない。

　②姿勢をくずさない。

　③うろつかない（読み終えても返しに行かない）。

　④1人で読む（おもしろいからと人に見せたりしない）。

　4つの掟を守らせ、25分間は静かで快適な読書タイムにします。

○**読み終わった本は机の真ん中におく**

　読み終わった本は机の真ん中におかせます。3冊読み終えたら、そのなかから選んで読むことにします。

○**読み終えた本は記録させる**（50、51ページ参照）

○**今日借りる本を必ず決めさせる**

○**読み終えた本は元の場所へ戻す**

　ラスト3分は「本の整理の時間」です。

ポイント・工夫
担任がすること

　担任も本を読むことで、クラスが一体となって読書の世界に浸れます。また、子どもたちがどんな本を読んでいるかリサーチし、子ども理解に役立てます。

●　まとめや次への見通し

○学年はじめの1週間以内には図書室に行き、静かな読書を体験させましょう。年間通じて読書好きなクラスになるためのスタートになります。

図書室での指導

○ 借りていた本を返す

○ 読む本を選ぶ

「8分以内」と時間を制限することが大切。選ぶのに時間のかかる子に援助する。

○ 図書室でのマナーを伝える

①しゃべらない。
②姿勢をくずさない。
③うろつかない。
④1人で読む。

○ 読み終わった本は机の真ん中におく

○ 読み終えた本は記録させる

○ 今日借りる本を必ず決めさせる

○ 読み終えた本は元の場所へ戻す

| 4月 | 5月 | 6月 | 7月 | 8月 | 9月 | 10月 | 11月 | 12月 | 1月 | 2月 | 3月 |

漢字の実態調査

子ども一人ひとりの学力実態をつかむにはどうすればいいのでしょう？学力の基礎となる、漢字と計算がどこまでできるかを調べるだけで、実態がかなりわかります。ここでは漢字の実態調査法を紹介します。

書き

 すすめ方
子ども一人ひとりの〈学力の基礎〉漢字を書く力をつかむ

○なぜ漢字書字力のテストをするのか

　多忙な学年はじめ。すばやく、効率的に学力を把握する方法が求められます。そこで注目したいのは漢字です。3年生までの漢字が定着していないと、熟語・抽象語が多く登場する4年生での学習理解も難しくなります。

　そこで実態をつかむテストを行い、担任する子どもの定着度やつまずきを把握します。その結果を学力づくりや授業づくりにいかしていきます。子ども理解の大切な営みです。

○漢字書字力テストはこうする

　時期　できれば学年はじめの3日間のうちに、計算テスト（34ページ参照）と合わせ実施します。

　内容　できれば1・2・3年の3枚。（無理でも3年の1枚）1枚10〜15分。1字だけを書くので負担も少ないです。

　採点　テストを回収し、担任が採点をします。

　記録　できれば通過調査表でつまずきをチェックします。

　対策　実態をふまえて、3年生までの復習をする「さかのぼり学習」をしていきます。

 ポイント・工夫
結果にびっくり！かも

　今まで習った漢字、それも1字ずつ書くだけなので、簡単かなと思ってテストすると、「えっ！　こんなに書けないの?!」とびっくりするかもしれません。でも、これが子どもの漢字を書く力の実力です。この実態から出発します。

■　まとめや次への見通し

○何年の漢字から書けていないか、一人ひとりチェックしたいものです。この実態をふまえて「さかのぼり指導」をしていきます

漢字の実態調査

○ **調査問題「奇跡の学級づくり３つのポイント」ＣＤ（フオーラム・Ａ）**

1年

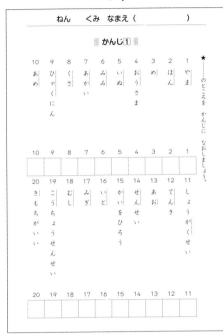

2年

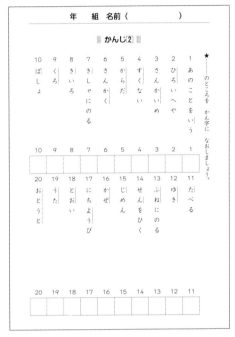

3年

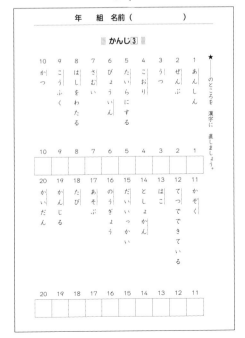

集計表

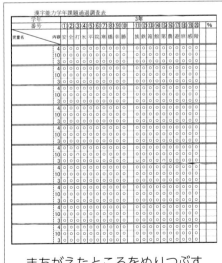

リズム漢字で漢字のさかのぼり学習

漢字の実態調査をふまえて、さかのぼり学習を進めていきます。
「リズムでおぼえる漢字学習」（清風堂書店）を活用すると、楽しく効率的に3年生までの漢字の復習ができ、おすすめです。

すすめ方　まずはリズムよく唱える

○3年生のリズム漢字から

　3年生のリズム漢字からはじめます。3年生の漢字の定着率が低いからです。35文で3年生の漢字を全部網羅しています。朝のあいさつの後、立ったままみんなで1回唱える、あるいは国語の冒頭に唱えるなどしながら練習していくと暗唱する子も出てきます。

○リズムよくみんなで唱える

　読み方のお手本を示し、読み方とリズムを覚えさせます。祝い箸などを使って、トントントントントントントンとリズムをとります。リズムにのって読めるように練習させます。
　最初は、ゆっくりと正確に読めることを目標にします。慣れてきたら、速くしていきます。

○区切って書く練習をする

　読むことに慣れたら、書く練習もさせます。手本を見ながらでもいいので、1日に5行ずつ順に区切って書くようにすると、約1か月で3年生の漢字はかなり書けるようになります。その後、2年の漢字→1年の漢字と進みます。

ポイント・工夫　拡大して黒板に貼る

　リズム漢字の手本は、画用紙に印刷すると、長持ちします。
　拡大機で拡大して黒板に貼れば、子どもたちは顔を上げて大きな声で唱えることができます。やんちゃな子にもリズム漢字は好評です。お試しください。

まとめや次への見通し

○4、5、6月で、さかのぼりが終了するようにします。2月になれば、今度は4年生のリズム漢字を紹介して総復習していきましょう。

リズム漢字でさかのぼり

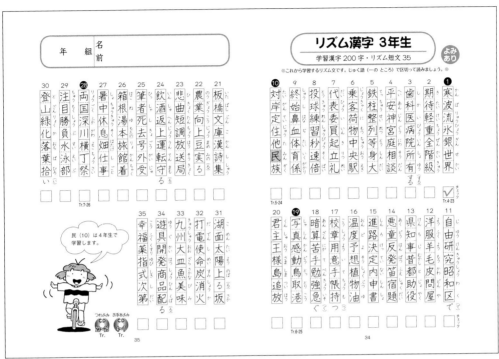

「リズムでおぼえる漢字学習」(清風堂書店)

| 4月 | 5月 | 6月 | 7月 | 8月 | 9月 | 10月 | 11月 | 12月 | 1月 | 2月 | 3月 |

新出漢字の指導1 ◎教え方マニュアル

新出漢字は、毎日2〜3字を国語の授業の冒頭に教えます。漢字ドリルを使って、個人任せにせず、一斉指導で教えます。教科書の進度に遅れが出ないように、効率的に教える必要があります。

すすめ方
新出漢字の教え方マニュアル

○漢字ドリルを使った新出漢字の教え方　〜「伝」の場合

〈教師の呼びかけ〉	〈子どもの活動〉
①音読みは	「デン」
②訓読みは	「つた−える」
③（なりたち、使い方）読みましょう。	「伝言、伝記、言い伝え、屋根伝いでき方、ものが伝わることを表す」
④部首は	「にんべん」
⑤空書きをします。	イチ、ニ、サン、シ、ゴー、ロク
⑥指書きをしてください。	「イチ、ニ、サン…」と声を出して机の上に指で筆順を確認しながら書く。
⑦なぞり書きをします。	ドリルの漢字のなぞるところをていねいになぞる。
⑧（書きの練習）残りを書いてください。	残りのマスをていねいにうつし書きをする。

ポイント・工夫
プラスαの工夫でレベルアップ

　③**読みましょう**では、漢字のなりたちや興味深い情報を少し話すようにします。
　⑦**なぞり書き**では、「1mmもはみださないようにていねいに書くこと」と指示をします。

● まとめや次への見通し

○2学期になれば、子どもに新出漢字を割り当てて漢字当番を決めます。「教師の呼びかけ」を書いた台本をもたせ、当番の子どもにさせると楽しくできます。教えた子もその漢字に強くなります。

新出漢字の指導マニュアル

○ 指導手順

①音読み
②訓読み
③なりたち・使い方
④部首
⑤空書き
⑥指書き
⑦なぞり書き
⑧書きの練習

4月・書き

〈空書き〉　〈指書き〉

〈なぞり書き〉

1mmもはみ出さないようにていねいに書きます

筆順	伝	読み
ノイイ仁伝伝	デン / つたわる・つたえる・つたう	つぎにわたす。つたえる。 伝言・伝記・言い伝え・屋根伝い

部首	でき方
イ	ものが伝わることを表す

新出漢字の指導2 ◎練習＆テストシステム

漢字ドリルを活用して、新出漢字の練習とテストのシステムをつくります。ここで「テストで100点をとるために漢字練習をするんだ」と目的をはっきりさせます。子どもたちがやり方を理解したら、宿題として位置づけます。

😊 すすめ方 漢字短文10文を4日間で定着させる

○練習→うそテスト→本テストのシステム

1日目：漢字ドリルの①〜⑩を、読みも含めて完璧にノートに写す。
（翌日、担任がノート点検、評価をする）

2日目：1日目と同じ（難しい漢字が多い場合は、3日目もする）。

3日目：①〜⑩の「うそテスト」をする。本テストと同じプリントで自分でテストする。
ドリルをよく見て自分で丸つけをし、まちがった字は、裏に覚えるまで練習する。
（翌日、担任がプリントの点検、評価をする）

4日目：学校で①〜⑩の「本テスト」をする。（採点は担任）
宿題では、今度は⑪〜⑳の完璧写しをする。

このように10問ずつ、「練習→うそテスト→本テスト」していくシステムです。

○テストはドリルで漢字のところだけ

よく、テストで全文を書かせる例を見受けますが、時間不足になりがちです。漢字のところだけにして、効率よくします。

⭐ ポイント・工夫 完璧写しの工夫

ノートの練習の仕方は、手本をつくり、その通りに書かせます。はじめは教室で一斉にします。ポイントは、あまった行で学習した新出漢字のみを「さかのぼりくり返し」させます。積、発、象、救の順に習ったら、練習は「救象発積」の順にさかのぼっていきます。

● まとめや次への見通し

○ノートの評価はわかりやすく、やる気の出る基準でします。（右ページ）
○1学期末や2学期末、学年末は漢字の総復習をします。

漢字練習とテストシステム

○ システムの流れ

1日目	2日目	3日目	4日目
漢字ドリル①〜⑩ 書き写す	漢字ドリル①〜⑩ 書き写す	うそテスト ＋練習 （同じ問題）	本テスト

（難しい場合3日目も）

○ うそテストと本テスト問題例

漢字テスト　　4年　氏名

⑩	⑨	⑧	⑦	⑥	⑤	④	③	②	①
たっせいした もくひょう。	じゅんにならべる。	りゅうとうを。	せつめいきくを。	なりたちをしらべる。	こなゆきがまう。	きなこのもち。	ふんまつくすりの。	かんじぶしゅの。	じてんをつかう。

○ ノート評価は明確に

AA…最高です
A …上手です
B …おしいです
C …ていねいに書こう
D …書き直し

| 4月 | 5月 | 6月 | 7月 | 8月 | 9月 | 10月 | 11月 | 12月 | 1月 | 2月 | 3月 |

書き

ていねいな字を書かせる1 ◎鉛筆の持ち方と姿勢

字を書く活動は欠かせません。ていねいに字を書くことで学力も定着します。ていねいな字の最終目標は、「正しく、早く、美しく」書けることです。それは正しい鉛筆の持ち方と姿勢からはじまります。

すすめ方
正しい鉛筆の持ち方と姿勢

○**正しい鉛筆の持ち方**
　①人さし指は鉛筆の削りぎわに近いところにおく。親指は人さし指よりややひっこんだところにおく。
　②鉛筆の軸は人さし指の第2関節と第3関節の中間に位置するように持つ。
　③親指、人さし指、中指の3本で持つ。

○**正しい姿勢で書く4つのポイント**
　①鉛筆を正しく持って書く。
　②正しい位置（右胸の前）で書く。
　③机に体をあずけない。
　④左手は絶対に右手より前に出さない。

○**「すきまのない字を書きなさい」**
　ていねいな字は、
　①止め、はね、はらいができている。　②すきまがない。
　すきまがないとは、田の字の隅が離れたりしないことです。

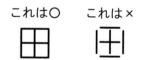

ポイント・工夫
毎日、短い時間で意識づけを

　最初に時間をとって指導したら、ノートを書いているとき、視写や書写の時間などに、毎日、短い時間で意識づけをします。「○○さん、いい姿勢ですね」「はい、みんな鉛筆を上げて。正しく持てていますか。続けましょう」というように。

● まとめや次への見通し

○正しい姿勢や鉛筆の持ち方は、何より疲れず、楽に勉強するために必要であることを説きます。また、この指導は1年間通じて、ねばり強くコツコツと続けることが必要です。

１年間通して指導する

○ 正しい鉛筆の持ち方

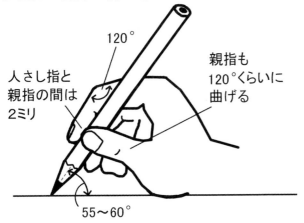

―― 正しい姿勢で書く ――
①鉛筆を正しく持って書く。
②正しい位置（右胸の前）で書く。
③机に体をあずけない。
④左手は絶対に右手より前に出さない。

○ 正しい姿勢

❶グー……せなかといすの間、おなかと机の間はこぶし１つ分

❷チョキ…チョキをして、ひじを上げて、うでを体の横にあて、そのまま机をはさむ。（体がまっすぐになるように）

❸パー……はなの先とノートの間にパーが２つ分以上になるように

❹ピタッ…グー、チョキ、パーができたら、右手のてのひらを、自然に机の上におく。その場所で字を書く。

ていねいな字を書かせる１◎鉛筆の持ち方と姿勢

| 4月 | 5月 | 6月 | 7月 | 8月 | 9月 | 10月 | 11月 | 12月 | 1月 | 2月 | 3月 |

ていねいな字を書かせる２◎ひらがな・かたかな

ひらがなやかたかなを、さかのぼり学習してみましょう。それぞれ１時間で十分です。ノートに書く文章も美しくなっていきます。美しいノート、美しい字はそれだけで十分に子どもたちにとって心地よいものです。

 すすめ方
１時間の指導で見ちがえるほど激変

○「ろ」の書き方からひらがなの再学習

　最初に「ろ」を書かせてから説明します。

　「ろは、呂からできました。それを崩したものだから横棒が短いのです」「ななめ下には長くなります」「最後の輪は、口の平べったいものだから、平べったい『つ』を書きます」

　「もう一度、今度はていねいに『ろ』を書いてください」

　最初と後の「ろ」を比べて、多くの子がていねいな字になったと納得します。次に、右ページのようなプリントに練習していきます。手本そっくりに、縦に書かせていきます。

○シとツのちがい、ヲからかたかなの再学習

　よく似た字形の「シ・ツ」や、筆順をまちがえやすい「ヲ」を取り上げて説明します。

　「シ」は、「てん書いて、てん書いて、跳ね上げる」

　「ツ」は、「てん書いて、てん書いて、ノを書く」

　「ヲは、二書いてノか、フ書いて一か、どちらでしょうか？」

　「正解は、二書いてノです」「二書いてノを書くと、２本の棒が並んできれいですね」「書き順を唱えると正しく書けます」

　そして手本そっくりに書かせて練習させます。１時間だけで字が激変します。

 ポイント・工夫
なぜひらがな、かたかなか

　なぜ４年生なのにするのでしょうか？　最初に、はっきりと取り組む理由を説明しましょう。４年生だから気をつければすぐに美しい字になること、ノートがきれいでとても心地よくなること、美しい字は一生の宝になることなどです。

● **まとめや次への見通し**

○ていねいな字、美しい字は最終的にはその子の美的センスを磨くことにつながります。日ごろ、ていねいな字、美しい字に注目するように促しましょう。

ひらがな・かたかな指導

ひらがなプリント例

あ			か	
い			き	
う			く	
え			け	
お			こ	
さ			た	
し			ち	
す			つ	
せ			て	
そ			と	

かたかなプリント例

ア			カ	
イ			キ	
ウ			ク	
エ			ケ	
オ			コ	
サ			タ	
シ			チ	
ス			ツ	
セ			テ	
ソ			ト	

手本をよく見て、たてに書きましょう。
1回ごとに進歩していくはずです。

ていねいな字を書かせる2◎ひらがな・かたかな

連絡帳を使って

連絡帳がただのメモになっていませんか？

毎日、正しくていねいに連絡帳を書かせましょう。字をていねいに書く力を養い、忘れ物が減って保護者との信頼関係が築かれていきます。

連絡帳は「書き方」の時間

○点検時間を入れて10分で

6時間目の終業5分前からみんなで一斉に書きます。チャイムをはさんで点検の時間を入れて10分かけます。「今日の最高の字で書きましょう」と呼びかけ、構えをつくり、ていねいに書かせます。毎日10分の「書き方」の時間と考えます。

○教師はゆっくりていねいに板書する

教師もていねいにゆっくりと大きめの字で板書します。子どもが連絡帳の枠に書きやすいように意識して改行します。

子どもには教師の書くスピードに合わせて書かせます。板書と同じように書くように指示します。「計算ドリル」を「計ド」などと勝手に省略しないように話します。

○評価は3段階で

その日クラスであった出来事を1つ書き加えます。書けた子から帰る用意をさせます。同時に、「1班」「2班」…と班ごとに順番に教卓に呼んで、連絡帳の点検をします。「たいへんよろしい」「よろしい」「書き直し」の3段階で評価します。それに見合うハンコを用意すると効率的です。ていねいに書けているときは大いにほめます。

☆ 忘れ物が減る連絡帳に

その日忘れた物は赤で書かせます。忘れ物がなかったときは（果物のナシの絵）を書かせます。遊び心です。宿題や持ってくる物の上に□のチェック欄を書かせます。ランドセルに入れたら□にチェックさせます。

● まとめや次への見通し

○何事も評価が大切。字がていねいに書けるようになったことを、どんどんほめるよう心がけます。クラスの出来事は徐々に一人ひとりが自分で考えて書かせるようにしていきます。

ていねいな字は一生の宝

今日の最高の字で書きましょう
出来事も書きます

宿題
□国語20〜22ページ三回
音読
□漢字 7 1〜10練習
□百マスかけ算二つ
持ってくる物
□牛にゅうパック1まい
出来事
今日、席替えをして〇〇さんのとなりになりました。

★ 7日連続忘れ物なしという意味

……たいへんよろしい

……よろしい

……書き直し

などハンコを用意すると便利です。

4月 5月 6月 7月 8月 9月 10月 11月 12月 1月 2月 3月

> # 計算力実態調査
>
> 学年はじめ、子ども一人ひとりの学力実態をつかむために、学力の基礎となる計算がどこまでできるかを調べます。実態をつかむことと、以前学習したことの復習「さかのぼり学習」はセット行います。

計算

☺ 一人ひとりの〈学力の基礎〉計算力をつかむ
すすめ方

○なぜ計算力のテストをするのか

計算力は漢字書字力とともに学力の基礎です。効率的に学力を把握するために、計算力実態調査をします。3年生までの計算力の実態をつかむテストを行い、担任する子どもの定着度やつまずきを把握します。その結果を、学力づくりや授業づくりにいかしていきます。子ども理解の大切な営みです。

○計算力テストはこうする

時期 できれば学年はじめの3日間のうちに、漢字テスト（21ページ参照）と合わせ実施します。

内容 1・2・3年の3枚。1年は5分、2年は10分、3年15分でします。各学年10問だけなので負担も少ないです。

採点 隣の子と交換して子どもに採点させ、回収し、担任が再点検します。

記録 できれば通過調査表でつまずきをチェックします。

対策 実態をふまえて、3年生までの復習「さかのぼり学習」をしていきます。

☆ つまずきをつかむ
ポイント・工夫

一人ひとり、どの問題をどのようにまちがったのかチェックすることで、つまずきをつかむことができます。くり下がりのあるひき算、空位のある計算などにつまずきが多いことに気づくでしょう。

● まとめや次への見通し

○実態をふまえて「計算のさかのぼり指導」（36ページ）をします。基礎計算からはじめて、クラスあげての熱気あふれる取り組みとしましょう。7月初旬ごろ、再度テストして伸びをみましょう。

計算力の実態調査

○ 調査問題「奇跡の学級づくり３つのポイント」CD（フォーラム・A）

１年

1 月　日　なまえ（　　　　　　）

★次の計算をしましょう。(1つ10点)

① 3 + 5 =

② 8 + 6 =

③ 7 + 7 =

④ 9 + 0 =

⑤ 6 − 2 =

⑥ 10 − 8 =

⑦ 15 − 7 =

⑧ 6 + 1 + 3 =

⑨ 9 − 2 − 5 =

⑩ 10 − 3 + 2 =

２年

2 月　日　名前（　　　　　　）

★次の計算をしましょう。(1つ10点・計70点)

① 57 + 9 =

② 76 + 7 =

③ 240 + 50 =

④ 　18
　+76

⑤ 　72
　−54

⑥ 6 × 8 =

⑦ 9 × 7 =

★次の計算を筆算でしましょう。(1つ10点・計30点)

⑧ 96 + 27　⑨ 135 − 78　⑩ 105 − 67

３年

3 月　日　名前（　　　　　　）

★次の計算をしましょう。(1つ10点)

①　　3229
　　+1279

②　　1000
　　−　247

③ 16 × 5 =

④ 40 × 8 =

⑤ 28 ÷ 7 =

⑥ 41 ÷ 6 = …　（商を整数で求め、あまりを出しましょう。）

⑦　　274
　　×　 7

⑧　　463
　　×　75

⑨　　4.9
　　+5.6

⑩ $1 - \dfrac{2}{3} =$

集計表

まちがえたところをぬりつぶす

計算のさかのぼり指導1

「さかのぼり学習」とは、既習学年にさかのぼってみんなで復習し、学び直しをするなかで学力の基礎を充実させていく実践です。さかのぼり学習をすることで、4年生の学習そのものも充実します。

😊 すすめ方 基礎計算の習熟からはじめる

○基礎計算の習熟から

基礎計算には、次の6つがあります。

①4＋7 などのくり上がりのある1位数のたし算
②11－4 などのくり下がりのある1位数のひき算
③かけ算九九（特に4、7、8の段）
④56÷7 などのわり切れるわり算（基本わり算A型）
⑤59÷7 などのひき算がくり下がらないわり算（基本わり算B型）
⑥61÷7 などのひき算がくり下がるわり算（基本わり算C型）

これらの計算が瞬時にスラスラとできるのが目標です。そうすれば桁数の多い計算、複雑な計算も楽にできます。①〜③の習熟には100マス計算が効率的で有効です。

○前学年までの計算の復習

基礎計算の次は、3年生までの計算の復習をします。3桁どうしのたし算・ひき算、3桁×2桁などがどの子もできるようにしていきます。

⭐ ポイント・工夫 さかのぼり学習のシステム

①毎日、短時間で行う。朝学習か算数の冒頭5分を使う。
②みんなが同じ問題をする。これでどの子もやる気が出る。
③基礎計算は、4月〜7月で仕上げるつもりで取り組む。
④基礎計算の10原則を活用する。（次ページ）

● まとめや次への見通し

○夏休み明けの9月に最後もう一度さかのぼり学習をします。夏休みの間に計算力が落ちていることが多いからです。夏休みボケからの回復の効果もあり、一石二鳥です。

さかのぼり学習のシステム

○ 毎日、短時間で

○ みんなで取り組む

○ 4月〜7月で仕上げる

基礎計算10原則

1. 基礎計算や100マス計算をなぜするのか、どう役に立つのかを納得させる。
2. ゆっくりでも計算が正確にできてからはじめる。
3. 最初は無理のない量とタイムで。
4. 毎日続けて練習する（継続は力なり）。
5. タイムをはかり、記録して伸びを自覚させる。
6. ほめる、はげましの声をかける。
7. 答え合わせはだんだん減らす。
8. 早くできた子へも配慮をする。
9. 読めない数字には×をつける。
10. 目標を達成したらやめる。

計算のさかのぼり指導2 ◎ 100マス計算

計算のさかのぼり学習は、四則計算を強固にすることからはじめます。かけ算九九→たし算→ひき算→基本わり算→1・2・3年生の計算復習の順が取り組みやすいでしょう。かけ算九九やたし算・ひき算の習熟には100マス計算が有効です。

すすめ方 100マスかけ算からはじめる

○100マス計算の目的を話す

「100マス計算をすると、2つの得をします。1つ目は計算がとにかく速くなるということです。毎日コツコツと続けていくと、何と大人よりも速くなりますよ。2つ目は、自信とやる気が生まれ、集中力がつくということです。努力すればしただけ計算が速く正しくなっていくので、自信がつきます。算数だけでなく、他の勉強もがんばろうという気が出て、集中力もつきます。大脳も活性化されます。さあ、みんなで励まし合ってがんばろう！」

○まずは100点を目標に

「横にやっていきます」と、やり方を説明して1回させてみます。全員ができるまで待たず、5分で打ち切ります。一人ひとりのタイムはとらず、よく観察します。その後も1日1回、3日間はタイムをとらずに100点をとることを目標にします。

○自分の最初のタイムを記録させる

次にタイムをとります。5分で打ち切り、できた数、またはタイムを記録させます。

ポイント・工夫 目標を子どもたちに示す

計算力を伸ばすのはもちろんですが、「自分の記録に挑戦する強い気持ちを育てよう」また、「みんなでがんばり、学力づくりで力を合わせ、キラキラと輝くクラスをつくっていこう」と目標を示し、熱気あふれる取り組みにします。

まとめや次への見通し

○さかのぼり学習は、単なる復習ではありません。取り組みを通じて、1学期の間にみんなで伸びていく素敵な学級をつくって行くんだという教師・子どもの自覚が大切です。

100マス計算

- まずは100点を目標に5分で打ち切る
- 1日1回、3日間はタイムをとらない
- タイムは記録して、はげみにする
- マス計算は、かけ算⇒たし算⇒ひき算の順

どの子にもやさしい100マスかけ算

計算星取表の例

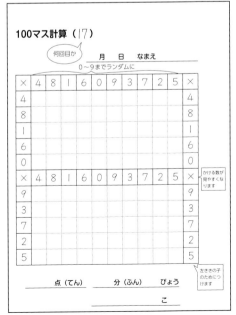

（巻末にあります）

| 4月 | 5月 | 6月 | 7月 | 8月 | 9月 | 10月 | 11月 | 12月 | 1月 | 2月 | 3月 |

計算のさかのぼり指導3

100マス計算は、スラスラできる「習熟」に適した練習方法です。正しい方法で取り組むことで、計算が正しく速くなり、計算好きになります。

😊 100マス計算の進め方10か条

①**100マスをなぜするのか、どう役に立つのかを納得させる**

②**ゆっくりでも計算が正確にできてからはじめる**
　はじめはタイムをはからず、100点を取るのが目標です。

③**最初は無理のない量とタイムで**
　未経験の子が多いクラスは、25マス計算からします。

④**毎日続けて練習する…学校で1回（2回）、家で2回。**

⑤**タイムをはかり、記録して伸びを自覚させる**
　合言葉は「自分の前の記録に勝とう」です。

⑥**ほめる、はげましの声をかける**

⑦**答え合わせを減らしていく**
　最初は全部しますが、慣れたら5回に1回などにします。

⑧**早くできた子へも配慮をする**
　できた子はもう1問や、裏に別の計算をさせます。

⑨**読めない数字には×をつける**

⑩**目標を達成したらやめる**
　クラスみんなが3分を切れば習熟したと考えます。

⭐ ポイント・工夫 遅れがちな子を支援する

　⑥の個別指導は、とくに遅れがちな子に行います。たとえば、九九の7の段がわかっていないなどの問題点を強化してやると、一気に伸びていきます。

● まとめや次への見通し

- ○速くなってきたら、「おうちの人と勝負しよう」と呼びかけ、おうちの人としてもらいます。家族の絆を深め、学力づくり実践への共感が広がります。
- ○6月になって基本わり算に入るまで、このやり方でマス計算を進めます。

100マス計算で習熟度アップ

○100マス計算は、かけ算→たし算→ひき算の順に進める

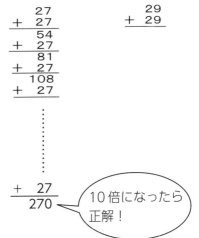

学級開きからの5日間

子どもも教師も最もやる気に満ちた新学期のスタート。この時期は、5日間でクラスをつくる見通しで進めます。この5日間で、学級づくり、学力づくり、授業づくりの基礎を築きましょう。キーワードは「聞く」です。

すすめ方 最初の5日間でクラスをつくる

1日目　学級開き
座席・ロッカー・靴箱を決める。教科書と配布物を確実に。出会いを印象づける。方針を示す。連絡帳を最高の字で書く。

2日目　組織づくり、生活・学習のルールづくり1
4人班・リーダーを決める。掃除当番と分担を決める。給食当番を決める。聞き方・発表の仕方、音読や100マス計算の仕方など教える。

3日目　子どもを知る、生活・学習のルールづくり2
計算と漢字の実態調査をする。自己紹介をさせる。クラスの目標を決める。ノートのとり方、漢字学習法、読書の仕方（図書室と教室）、整列の仕方、宿題の仕方など教える。聞き方を確認する。

4日目　ペア学習、生活・学習のルールづくり3
席の隣どうしで答え合わせや話し合い、音読など活動させる。聞き方を徹底する。

5日目　生活・学習のルールづくり4
授業を進めながら、ルールの再確認をしていく。聞き方を徹底する。

ポイント・工夫 話を聞くクラスづくりがもっとも大切

先生の話、クラスの人の発表を**目と体と心を向けて聞く**ようにさせます。これが最初の5日間でもっとも大切なことです。勝手にしゃべったり、よそ見をしたりしないように徹底します。

● **まとめや次への見通し**

○よく聞くことは話し手も「話してよかった」と思うことであり、一人ひとりを大切にし合い、どの子も輝くクラスづくりにつながります。

話を聞くクラスづくり1

○ 1日目　学級開き

①座席・ロッカー・靴箱を決める。

②教科書・配布物を配る。

③出会いを印象づけるあいさつ。

④クラス運営の方針を話す。

⑤連絡帳は最高の字で書くように指示する。

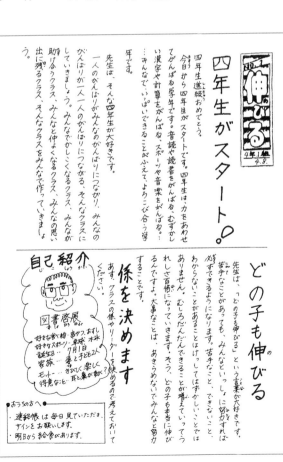

学習のルール◎聞く力を育てる

学習のルールを整えることは、教師にとっては授業がしやすいクラス、子どもたちにとっても居心地のいいクラスに育てることにつながります。友だちの意見を聞くクラスは、みんなが意見を出しやすいクラスだという意識をもたせることが大切です。

😊 すすめ方　聞き上手は話し上手

○最後まで聞く姿勢をとらせる

友だちの発言がまだ終わっていないのに発言したり、ちゃちゃを入れたりする子どもが多いのがこの年令です。そのときは、厳しくしかります。相手の発言権を保障しないことは、人権侵害だという意識をもたせるのです。

○ほめて育てる

学習のルールを整えたいからといって、しかってばかりの減点法では、子どもたちはついてきません。できているところをほめてこそ、心地よく育っていきます。

○一からはじめる

新しいクラスですから、学習のルールも一から確認して整えていきます。クラス替え直後なので、1週間ほどの間は習慣づけと考えて、毎時間ていねいに確認していきます。

⭐ ポイント・工夫　指導のポイントや工夫

指名されてから、「ハイ」と返事をして、発言は語尾は「～です。」まではっきりと。聞くときは、発言者の方を見て、反応しながら聞く、をルールとして掲示しましょう。そのつど指導したりしながら、2週間ほどで定着させていきます。

● まとめや次への見通し

○学習のルールは、ことあるごとに確認しなければ、なかなか定着していきません。「100回やれば何とかなる」と考え、気長に習慣づけるようにします。

話を聞くクラスづくり2

○ こんな場面は注意をする

○ そのつど学習のルールを再確認する

- 人の話を目と体と心を向けて聞く（正しい姿勢で、耳をすませて）。
- おしゃべりをしない。
- 人の話にちゃちゃを入れない。
- 話は最後まで聞く。

○ ほめて育てる

○ 1週間ほどの間は習慣づけと考えて毎時間ていねいに確認する

家庭訪問で子ども理解を深める

家庭訪問は保護者との信頼関係を築く第一歩です。でも、気負わず、保護者から見たその子の長所や家庭でのようす、友だち関係、保護者の願いなどを聞き、子ども理解を深めることが大切です。

家庭訪問、3つのコツ
（すすめ方）

○時間を守る

保護者は忙しい時間をやりくりして時間をつくってくださっています。無理のない計画（何軒か回ったら1軒分あける）、校区の下見、訪問先で早めに切り上げる、などの配慮が必要です。万が一遅れそうなら、必ず連絡を入れます。

○聞くことにウエイトをおく

家庭訪問カード（右ページ）を事前に配布しておきます。訪問時に、記入してもらったカードを見せていただきながら、家庭でのようすや友だち関係、子育てで大事にされていることなど、保護者の話をひき出します。聞くことで子ども理解がうんと深まります。

○子どもを具体的にほめる話題を用意する

一方、学校での話題もないと保護者は不安になります。その子らしいエピソードをおみやげとして用意しましょう。「元気なお子さんですね」では具体性がありません。

「休み時間になったら真っ先にボールを取りにきます。教室に残っている子にも声をかけています。先日、上級生の強いボールを見事に受け止めました」と、素敵な事実を話しましょう。

☆ その子の問題点や課題は控えめに
（ポイント・工夫）

その子のためと思っても、問題点や課題（忘れ物が多い、私語が多い、ひっ込み思案など）をいうのは控えましょう。これから先の長い期間で指導し、保護者と信頼関係ができた上で、家庭の協力を得られればよいのですから。

● まとめや次への見通し

- ○家庭訪問で得た情報も、「子どもノート」（一人見開き2ページでその子のことをメモするノート）にメモしておきます。
- ○日ごろからのメモが、期末個人懇談や通知表の所見などにもいきてきます。

家庭訪問では聞くことに重点

○ あらかじめ家庭訪問カードを配布する

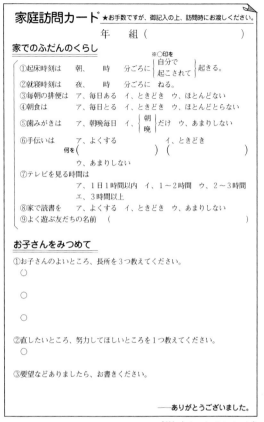

（巻末にあります）

○ 家庭訪問時のようす

家庭訪問で子ども理解を深める

| 4月 | 5月 | 6月 | 7月 | 8月 | 9月 | 10月 | 11月 | 12月 | 1月 | 2月 | 3月 |

家庭学習・宿題の指導はこのように

宿題を毎日出すことで、学校で学習したことが定着します。また、子どもに家庭学習（一人勉強）をできる力を養うこと、家での生活リズムをつくること、克己心や忍耐力などの徳性を養うことに役立ちます。

☺ _{すすめ方} 宿題は「読み書き計算」を中心に。

○**宿題の内容**

月曜日から金曜日までの定番は、

①音読…国語（または社会科・理科）の教科書3ページ程度を3回音読。

②漢字練習…漢字ドリルを10文読みがなつきで写す。あまったマスには漢字練習。

③算数…算数ドリル1ページ（かプリント1枚）と、100マス計算1枚。

などと決めて出します。これに金曜日は「上ぐつ洗い」「読書30分」などをプラスします。

宿題の内容が毎日変わると混乱するので、シンプルにしましょう。

○**指導したいこと**

- 宿題は短い時間で集中して。かかった時間をはかろう。
- 時間がかかりそうなときは、2回に分けてやろう。
- 勉強中は、テレビを見ない・つけない。ジュースやお菓子を飲まない・食べない。
- 宿題忘れは、朝や休み時間に必ず仕上げる。

☆ _{ポイント・工夫} 難しい課題は学校でさせる

宿題は遅れがちな子もできるように考えて出します。まずやり方を学校で必ず教えてから出すようにします。とくに新しい課題を出すときは配慮するようにしましょう。難しい課題は、宿題にせず、学校でさせ切ることです。

● まとめや次への見通し

○1・2学期はこのように進めながら、3学期には「読み書き計算＋自主学習」と組み合わせると、高学年への橋渡しになります。

学級づくり

宿題は「読み書き計算！」難しい課題はさける

四月二十一日（木）

今日の宿題を連絡帳に書きましょう

宿題
□ 国語20〜22ページ
音読三回
□ 漢字ドリル7
① 〜 ⑩ 練習
□ 百マスかけ算二つ

四月二十二日（金）

今日は金曜なので「上ぐつ洗い」と「読書30分」がプラスです

宿題の指導
- 短い時間で集中して。かかった時間をはかろう。
- 時間がかかりそうなときは、2回に分けてやろう。
- 勉強中は、テレビを見ない・つけない。ジュースやお菓子を飲まない・食べない。
- 宿題忘れは、朝や休み時間に必ず仕上げる。

読書指導 4 ◎ 読書5000ページへの旅

本を読み終えるたびに感想文をきちんと書かないといけないとしたらどうでしょうか？ 本を読むことが苦痛にならないでしょうか？
子どもたちが喜び、読書が進むような読書記録の方法があります。

😊 すすめ方 読書5000ページへの旅

○読んだ本のページ数をたしていく

　読んだ本のページ数をたし算して5000ページをめざしていく読書記録です。しかし、競争ではないことを子どもたちと確認します。図書室の本、学級文庫の本、家の本など、マンガ以外ならどれでもOKです。最初は、絵本ばかり１冊ずつページ数を記入してたしていく子どももいますが、そのうちに物語や伝記などボリュームのある本に進んでいきますので、じっくり見守りましょう。よく読む子は１万ページを越すようになります。

○記録することを習慣づける

　記録することを習慣づけるために、週に１度は「読書の旅」を点検します。たし算がまちがっていたり、記録がとびとびになっていたりしたら記録の仕方を再確認します。

　感想は、記号で◎○△とあっさりとするのもポイントです。感想文はたまにしか書かせない方が、読書にのめりこみます。

　500ページごとにシールを貼ったり、「ごほうびカード」を終わりの会でわたしたりすると、「たくさん読もう」という意欲につながります。

☆ ポイント・工夫 記録の習慣づけ

　記録をとることは、めんどうなことです。最初の２週間ほどは、読了後必ず記録をとる時間をつくります。すきま時間の読書もすぐに記録をとります。慣れてくると、１週間に１度点検するだけでできるようになってきます。

● まとめや次への見通し

○秋の読書週間など、期間限定で「読書1000ページの旅」や「読書30冊への旅」（86ページ参照）に取り組むとメリハリが出ます。

5月・読み

○ 読んだ本のページ数をたす

たし算する

○ 記録を習慣づける
週に1度チェック

あの子はこんな本が好きなんだな

○ 終わりの会で

500ページになった人にはごほうびシールを出します！

たくさん読みましたね。新しい記録用紙をもらいましょう。

（巻末にあります）

読書指導40◎読書5000ページへの旅

| 4月 | **5月** | 6月 | 7月 | 8月 | 9月 | 10月 | 11月 | 12月 | 1月 | 2月 | 3月 |

読み

国語辞典を使いこなす

3年で学習した国語辞典は、日常的に使いこなすことで言葉の意味を正確に知るようになり、語彙数が増えていきます。考える力の基礎を養います。国語だけでなく、社会科や理科でも国語辞典をひかせるようにしましょう。

☺ すすめ方 国語辞典を使いこなす5か条

①自分の国語辞典をもたせ、いつも机の上におかせる

まず自分専用の国語辞典をもつことがスタートです。もっていない子は保護者にお願いして買ってもらいます。忘れた子ども用に教室でも10冊は常備しておきます。

②最初の授業で辞典をひく楽しさを体験させる

「あなたが国語辞典をつくるなら、次の言葉をどう説明しますか」と、まず「赤」を何人かの子どもに説明させます。その後、辞典で実際にひかせて説明を読ませます。次は、「右」を説明させて、辞典をひかせます。調べたい言葉を説明させて、辞典をひかせます。

③調べた言葉には印をつけさせる

蛍光ペンで塗らせるか、赤ペンでチェックさせます。

④国語だけでなく、社会科、理科、作文でも活用する

わからない言葉、意味があいまいな言葉が出てきたら、その場ですぐひかせるようし、辞書を使うことを習慣化していきます。

⑤いちいち意味を書き出さない

ぴったりの意味のところを探してひたすら読ませます。

ポイント・工夫 辞典をひくのが遅い子は

国語辞典をひくのが遅い子には、①言葉が五十音順に並んでいること、②濁音・半濁音が後に出てくることなど基本的なことを教えます。とにかく辞典をひく機会を増やして慣れさせます。この指導でだんだんひくのが早くなってきます。

● まとめや次への見通し

○国語辞典を使うことを習慣化させます。愛読書の1つにするつもりでいつも手元におかせます。そうしてこそ、辞典を使いこなす子になっていくのです。

国語辞典の使いこなし術

○ 自分の辞典を、机の上におく

○ 辞典をひく楽しさを体験させる

○ 調べた言葉に印をつける

○ いちいち意味を書き出さない

○ 国語以外の教科でも活用

読み

説明文の指導

説明文の場合、指示語や接続詞の役割を理解させることで、段落のつながりや、文章全体の構成についても考えることができるようになります。

筆者の意図をつかませる指導を
（すすめ方）

○簡単な説明文を使って指導する

一学期のはじめに、１年生の「どうぶつの赤ちゃん」を使って、説明文の入門指導をします。接続詞、指示語などの役割や文章構成図なども、これを使うとわかりやすくなります。

○説明文と物語文の違いをはっきりさせておく

説明文の場合は、第三者として文章を読む必要があります。

物語文の場合は、登場人物になりきって読むことを求められてきましたので、客観的な視点がもちにくい子どもも多いのです。

この機会に第三者視点の意味をはっきりさせておきます。

○要点をまとめる指導を

段落の要点をまとめたり、筆者の意図を短い文にまとめたりする作業をします。この作業を通して、文章の骨組みとなる部分だけに着目させる練習をくり返すことが、中学年の説明文指導のポイントです。

テストには習熟も必要
（ポイント・工夫）

説明文のテストをすると、解答欄に不要な言葉や文を書いてしまう子どもが続出することがあります。

そんなときは「うそテスト」として、テストの練習をするのもいいでしょう。採点基準を明示することもお忘れなく。

まとめや次への見通し

○年度はじめの１回だけの読解指導だけで、要約などができるようになるわけではありません。日ごろの読書指導でも、説明的な文章を取り入れていくようにすると、より全員の読解レベルが上がっていきます。

読解力を伸ばす指導

○ 接続詞　　　　　　　　　　○ 指示語

○ 主語や述語に注意して要点をまとめる

| 4月 | **5月** | 6月 | 7月 | 8月 | 9月 | 10月 | 11月 | 12月 | 1月 | 2月 | 3月 |

見やすいノート指導

ノート指導をおろそかにすると、子どもはページを飛ばしたり、乱雑で、ぎっしり詰めて書いたりします。自分で後々振り返って復習できるように、「見やすいノートづくり」を心がけさせます。

😊 すすめ方 ゆったりと余白のあるノートをつくる

○見やすいノートとは

「ゆったりと書かれていて、余白があるノート」です。これを軸に、ノートづくり6つのポイントを教えていきます。

①日付、ページ数を書く。
②1マスに1字だけ書く。
③直線をひくときは必ず定規を使う（10cmか15cmの短い定規を）。
④板書で黄色の文字は、ノートでは赤鉛筆で書く。
⑤ゆったりと間をあけて見やすく書く。
⑥はじめは先生のいう通りに書く。だんだんと自分で工夫していく。

○はじめの「先生のいう通りに書く」とは

たとえば「2行目の上から2字分をあけて題を書きます」と、書きはじめの位置を指定します。「筆算は問題と問題を2マスあけます」と、余白のとり方を示します。子どものノートに合うように見本を板書し、写させます。「指示を聞いて行動する」学習ルールづくりにもなります。

⭐ ポイント・工夫 まめに評価する

ノートづくり6つのポイントは、まめに点検、評価することで定着します。「直線をひくときは定規」といえば、そのときや場面をとらえて、実際に机間指導し、できていることをほめ、できていないときはやり直しさせます。

● まとめや次への見通し

○見やすいノートづくりができている子のノートを回覧すると波及効果があります。次に自分のまちがいやすいところを吹き出しにするなど、自分で楽しく工夫させていきます。

見やすいノートづくり

- 1行あけて見やすく書く
- 日付を書く

「きれいに書けたね」

- 教科書のページを書く
- 線をひくときは定規を使う

一行あけて書きます。

ぜいたくだな、と思うくらいの書き方を。筆算なら、1ページ6問まで。

1ますに1字ずつ書きます。

コンパス・分度器の指導

中学生になっても、コンパスや分度器、定規の使い方に慣れていない生徒が少なくないようです。4年生はそれらの使い方の指導に最適な時期です。正しく使えるように習熟させていきましょう。

すすめ方
90度より大きいか、小さいか

○コンパスの使い方
コンパスはもつところが常に真ん中にくるもので、鉛筆をはさむことのできるコンパスがおすすめです。使っているうちにねじがゆるくなるので、教室に小型のドライバーを用意しておきましょう。

○正しい円をかく5つのコツ
①下じきは敷かない。
②針をしっかりさす。
③右手の親指と人さし指で、上のつまみを軽くもつ。
④時計でいうと短針が5時ぐらいの位置から右回りにかく。
⑤かこうとする方向に少し傾けてかく。

○分度器の使い方
子どもの一番のつまずきは、分度器の外側のめもりを読むのか、内側のめもりを読むのか迷ってしまうことです。ですから、測ろうとする角、かこうとする角が、90度より大きいか小さいかを先に判断してから、めもりを読むようにさせます。

ポイント・工夫
三角定規で角度の量感をつかませる

分度器に使い慣れるには角度の量感をつかませることです。三角定規を活用します。三角定規をそのままなぞって写し取らせ、角の大きさを測らせます。おき方はいろいろ変えます。2つの三角定規を重ねて新しい角もつくります。

● まとめや次への見通し
○図形をかくときには、「今からかこうとしている図形はどんな形なのか」を、きちんと把握させておくことです。自分でまちがいに気づかせるためです。

○ コンパスの使い方

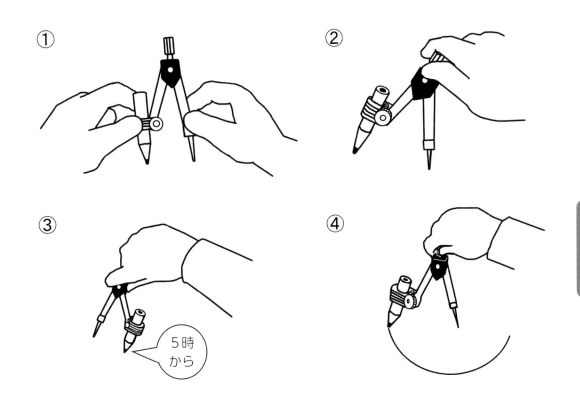

○ 分度器の使い方

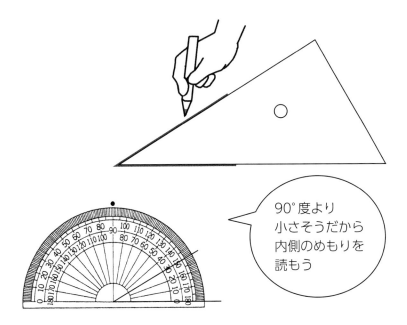

話す力を育てる

授業や公的な場では、単なるおしゃべりでは困ります。公私の区別をつけ、「おしゃべり」な子どもから「話せる」子ども、さらに「語れる」子どもに育てます。見通しをもって、話す力を育てていきましょう。

😊 すすめ方 ていねい語と接続詞の指導から

○授業中は必ずていねい語で話させる

授業は先生やみんなと学習し、高め合う「公」の場、休み時間は、自由に遊ぶ「私」の場です。子どもも先生もていねい語を使うことで、授業が凜々しいものになります。

「先生、わかった」でなく、「先生、わかりました」

グループ内でも「～だよねえ」でなく、「～ではないですか」

○接続詞を使った話し方を指導する

子どもたちに、「かしこく見える技を教えてあげよう」といって、「～だが、～ので」など1文になっている発言を、接続詞を使って2文・3文に変える指導をしていきます。

「私は～と考えていましたが、～という意見を聞いてそうだと思った**ので**、～という意見に変えます」という発言を、

「私は～と考えていました。**ところが**、～という意見を聞いてそうだと思いました。**だから**、～という意見に変えます」

このように曖昧な「が」を使わずに文と文の関係が明確な接続詞を使わせることで、発言が伝わりやすくなります。授業のはじめ、帰りの会、学級会などでも指導します。

⭐ ポイント・工夫 話す力は書くことで鍛えられる

接続詞を使う方法は、そっくり、作文を書くときでもあてはまります。また、話す力を高めるには、①課題の答えを1度文章で書かせる、②何度も読ませて順序が変わってもよいから「語れる」ようにしなさい、と指導することです。

● まとめや次への見通し

○授業でも、学級会でも、行事でも、原稿を読まずに自分の言葉で語れる子どもに育てます。

ていねい語と接続詞の指導

○ ていねい語を使う

○ 接続詞を使って明瞭に

○ 話す力は書くことで鍛えられる

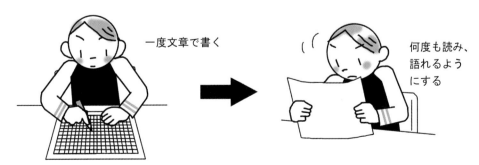

地図帳に親しむ

4年生で地図帳が新しく教材として加わります。子どもたちは興味津々です。地理的・空間的認識力がうんと伸びるのもこの時期。地図帳を活用して社会科が大好きなクラスにしていきましょう。

(1)準備

日本地図の掛図〔教師用〕
地図帳〔各自、教師〕

(2)日本発見旅行へ

《導入》

社会科の授業の冒頭。
まず、日本地図の掛図を掲示します。
「わぁ、大きい！」「日本だ！」
子どもたちは驚きます。
「みなさんの住んでいるところは、この日本地図のどこでしょう？」
「はい！」すぐ反応が返ってきます。
「ではこの棒でさし示してください」
と、指示棒を手渡して指示させます。
「ここでいいですか？」「いいです！」
「まわりには何県がありますか？」
と問い、皆に答えさせます。

《展開1》

「では、今度はみなさんの地図帳の○ページを開けましょう」
「今、最初にさしたところを指で押さえてください」
「隣の人と確かめてください」
「まわりにある県を指さしながらいってみましょう」
各自、自分の地図帳で場所を確かめていきます。
「では、私たちの県（府・都）で、知っている地名を教えてください」
「○○です。おばあちゃんの家があります」
「そこをみんなも見つけてください」
「ありました！」
「△△です」「ありました！」
「ぼくも行ったことがあります」
……
「次のときには、隣の○○県に行きましょう」

《展開2》

次の社会科の冒頭。

今回からは地図帳だけでやっていきます。

「今日はお隣の〇〇県に行きます。日本発見旅行のはじまりはじまり〜」

「〇〇県には、何という鉄道に乗って行ったらいいですか？」

「□□電車で行けます」

「では、みんなで行ってみましょう。鉛筆を逆立ちさせて」

「知っている地名はありませんか？」

「●●です」

「知っています。お母さんが生まれたところです」

「見つけましょう」

「ここは、先生も行ったことがあって、こんなものがありましたよ」

と、旅行したときのことを語ります。

子どもたちは興味をもって聞いています。

「もう1つ、お隣の▲▲県に行きましょう」

と同じようにして旅行に出発します。

(3) 効果

このように、社会科の時間の冒頭10分ほどは、毎回、「日本発見旅行」として、近くの県から順に回っていきます。

そこで買ってきたものなど、実物があればさらに盛り上がります。

この取り組みで、地図帳に親しむことができ、地図の見方に慣れ、日本全国の知識が増えていきます。日ごろのテレビのニュースや新聞記事にも興味をもつようになってきます。社会科好きなクラスにもなっていきます。

| 4月 | 5月 | **6月** | 7月 | 8月 | 9月 | 10月 | 11月 | 12月 | 1月 | 2月 | 3月 |

ローマ字の定着1 ◎言葉が書ける

ローマ字は3年生で学習しています。その後、使わなければすぐ忘れてしまいます。4年生でも意図的にローマ字の練習をする時間を取り、定着をはかって高学年のパソコン学習などにつなげていきましょう。

すすめ方 ローマ字しりとりを使って

まずローマ字で言葉がスラスラ書けるようにします。取り組みやすいのは「ローマ字しりとり」です。

○ローマ字表をもたせる

厚紙に貼って机の中に入れさせると、使いやすくなります。慣れるまではローマ字表を見ながら書かせます。

○プリントに書かせる

次ページのようなプリントをたくさん印刷しておきます。

○スタートの言葉を指定し、後はしりとりで続けさせる

たとえば「今日は、①sensei（先生）からはじめます」「20番までいけばゴールです」と指示します。子どもたちは、①sensei ②ika ③kamera ④rappa ⑤pakku ⑥kuruma ⑦masuku…などと楽しみながら書いていきます。前に番号を必ず書かせます。しりとりですから、「n（ん）」で終わるとアウトです。

○2人ペアで楽しむ

慣れてきたら、隣どうしの2人でローマ字しりとりをさせると盛り上がります。4人グループもできます。

ポイント・工夫 2人ペア、4人グループの場合は

2人や4人でしりとりをする場合は、ゲーム性を優先させます。番号は書かず、テンポよく、1枚の紙に順番に交替して書いていきます。「5分間します」など、時間を指定して進めるといいでしょう。

● まとめや次への見通し

○言葉を書くのに慣れてきたら、文を読んだり、書いたりさせていきます。

ローマ字しりとりで盛り上がる

ローマ字

ローマ字50音表　名前＿＿＿＿

		a	i	u	e	o			
大文字		A	I	U	E	O			
小文字		a	i	u	e	o			
		a あ	i い	u う	e え	o お			
K	k	ka か	ki き	ku く	ke け	ko こ	kya きゃ	kyu きゅ	kyo きょ
S	s	sa さ	si し	su す	se せ	so そ	sya しゃ	syu しゅ	syo しょ
T	t	ta た	ti ち	tu つ	te て	to と	tya ちゃ	tyu ちゅ	tyo ちょ
N	n	na な	ni に	nu ぬ	ne ね	no の	nya にゃ	nyu にゅ	nyo にょ
H	h	ha は	hi ひ	hu ふ	he へ	ho ほ	hya ひゃ	hyu ひゅ	hyo ひょ
M	m	ma ま	mi み	mu む	me め	mo も	mya みゃ	myu みゅ	myo みょ
Y	y	ya や		yu ゆ		yo よ			
R	r	ra ら	ri り	ru る	re れ	ro ろ	rya りゃ	ryu りゅ	ryo りょ
W	w	wa わ				wo を			
		n ん							
G	g	ga が	gi ぎ	gu ぐ	ge げ	go ご	gya ぎゃ	gyu ぎゅ	gyo ぎょ
Z	z	za ざ	zi じ	zu ず	ze ぜ	zo ぞ	zya じゃ	zyu じゅ	zyo じょ
D	d	da だ	zi ぢ	zu づ	de で	do ど	zya ぢゃ	zyu ぢゅ	zyo ぢょ
B	b	ba ば	bi び	bu ぶ	be べ	bo ぼ	bya びゃ	byu びゅ	byo びょ
P	p	pa ぱ	pi ぴ	pu ぷ	pe ぺ	po ぽ	pya ぴゃ	pyu ぴゅ	pyo ぴょ

＊ wo（を）はローマ字入力で使います

しりとりプリント

ローマ字しりとり　名前＿＿＿＿

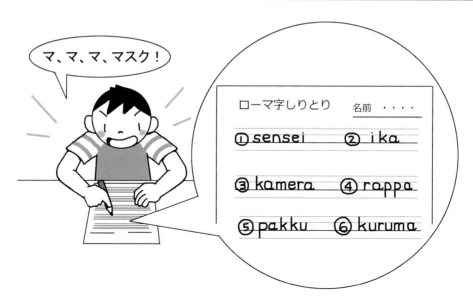

マ、マ、マ、マスク！

ローマ字しりとり　名前 ‥‥
① sensei　② ika
③ kamera　④ rappa
⑤ pakku　⑥ kuruma

6月・書き

ローマ字の定着1 ◎言葉が書ける　065

ローマ字の定着2 ◎文章が書ける

ローマ字で言葉が書けるようになったら、文章を書けるようにしていきます。

☺ すすめ方 ローマ字メール交換で文章を書く

○連絡帳にローマ字で今日の出来事を書く

はじめは、連絡帳を書くとき、教師が最後にその日あったことをローマ字で書きます。子どもたちはそれを写すのです。このときは横書きになります。

(例)　Kyô, nawatobi no nizyûtobi no rensyû o simasita.

このように毎日することで文章を書くことに慣れさせます。

○ローマ字メール交換は楽しいぞ

2人組を決めて、ローマ字の手紙の出し合いをします。名づけて「ローマ字メール交換」。ルールは、「ひらがな・かたかな・漢字は禁止」だけです。

ローマ字表を見ながら書かせます。手紙が書けたら相手に「送信」です。ただ歩いて相手のところにわたしに行くだけです。

もらった方は何と書いてあるか、ローマ字表と首ったけで解読しています。読み終わると、またローマ字表を見ながら返事を書いていきます。

☆ ポイント・工夫 キーボード入力につなげる

2学期になれば、パソコンのキーボードでローマ字入力させる練習を少しずつ取り入れていきます。「を」を「wo」を表すことや、伸ばす音には「ˆ」をつけるのではなく「gyuunyuu」のように重ねることなど教えます。

● まとめや次への見通し

○5、6年生ではローマ字でキーボード入力がスラスラできるようになるようにします。4年生はその土台づくりの時期です。

ローマ字の習熟度を上げる

○ 連絡帳にローマ字で今日の出来事を書く

6/4 Kyô, nawatobi no nizyûtobi no rensyû o simasita.

今日はこれを写します
明日は自分で考えて書きます

○ ローマ字メール交換

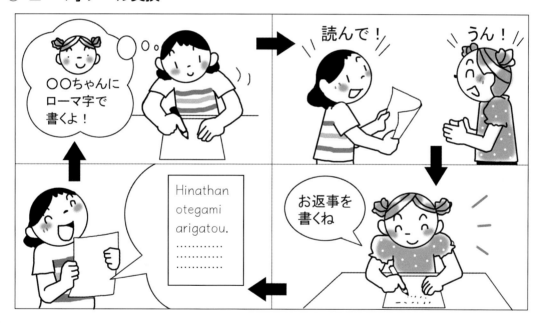

○ 5年・6年のキーボード入力へ

計算のさかのぼり指導4

100マス計算の次は基本わり算を集中的に行い、わり算の暗算力を高めて自信をつけさせます。基本わり算をやるときも、前項の「基礎計算10原則」(37ページ)をいかします。

😊 すすめ方
基本わり算A型、B型、C型の順に

○**基本わり算には3種類ある**

　A型：　36÷4＝9　　　B型：　35÷4＝8…3　　C型：　31÷4＝7…3

　C型は商を見つけるに時間がかかり、あまりを出すひき算のときにくり下がりがあってもっとも難しいわり算です。100問あります。

　基本わり算がスラスラできるようになれば、数感覚や暗算力が高まり、「÷2桁のわり算」での商立てがすぐできます。

○**基本わり算の進め方**

　A型を5分間で何題できるか、毎日記録させます。商に何が立つかという数感覚を高めるのが目的なので、同じプリントでいいのです。学校で1回・家1回、計10回します。

　次にB型のプリントも同じように10回させます。

　最後のC型のプリントは、難しいので、50問のプリント2枚に分けます。最初の50問で6分間します。計10回したら次の50問に切り替えて10回、また元の問題に切り替えて10回…と合計50回します。4年生なら50問を5分以内にできれば習熟したといえます。

☆ ポイント・工夫
時間のかかる子には〜31÷4を例に

　　T「4の段の九九で31を越えるのは？」　C「4×8」　T「答えは、8より1小さいので？」　C「7！　31÷4＝7　で」　T「31の下に『四七28』の28を書いて　31−28　で」　C「3！」　T「式と答えをいってごらん」
　　C「31÷4＝7　あまり3」

● まとめや次への見通し

○これで基礎計算の習熟は終了です。計算に自信をもつ子がぐんと増えたことと思います。

○次は、1年〜3年の計算復習に入ります。

基本わり算の3つの型

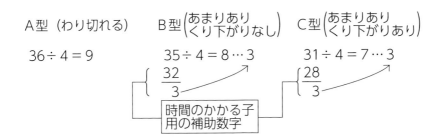

100わり計算(A型) 50 ①　名前

① 14÷2＝
② 24÷8＝
③ 15÷5＝
④ 64÷8＝
⑤ 14÷7＝
⑥ 0÷5＝
⑦ 21÷7＝
⑧ 12÷2＝
⑱ 42÷6＝
⑲ 15÷3＝
⑳ 2÷1＝
㉑ 56÷7＝
㉒ 12÷4＝
㉓ 30÷5＝
㉔ 9÷9＝
㉕ 48÷6＝
㉟ 6÷1＝
㊱ 12÷3＝
㊲ 18÷2＝
㊳ 5÷1＝
㊴ 27÷9＝
㊵ 8÷1＝
㊶ 9÷3＝
㊷ 45÷5＝

100わり計算(B型) 50 ①　名前

① 29÷6＝ …
② 21÷5＝ …
③ 25÷7＝ …
④ 5÷8＝ …
⑤ 23÷4＝ …
⑥ 7÷9＝ …
⑦ 57÷8＝ …
⑧ 82÷9＝ …
⑱ 47÷9＝ …
⑲ 5÷4＝ …
⑳ 39÷8＝ …
㉑ 47÷6＝ …
㉒ 2÷5＝ …
㉓ 38÷7＝ …
㉔ 22÷5＝ …
㉕ 13÷2＝ …
㉟ 37÷6＝ …
㊱ 47÷7＝ …
㊲ 22÷4＝ …
㊳ 1÷2＝ …
㊴ 58÷6＝ …
㊵ 5÷7＝ …
㊶ 22÷3＝ …
㊷ 58÷9＝ …

100わり計算(C型) 25 ①　名前

① 35÷9＝ …
② 14÷8＝ …
③ 60÷9＝ …
④ 11÷7＝ …
⑤ 10÷3＝ …
⑥ 14÷9＝ …
⑦ 50÷8＝ …
⑧ 43÷9＝ …
⑨ 61÷7＝ …
⑩ 24÷9＝ …
⑪ 10÷8＝ …
⑫ 52÷6＝ …
⑬ 62÷8＝ …
⑭ 21÷6＝ …
⑮ 31÷9＝ …
⑯ 20÷7＝ …
⑰ 20÷9＝ …
⑱ 54÷8＝ …
⑲ 40÷7＝ …
⑳ 71÷8＝ …
㉑ 12÷7＝ …
㉒ 41÷9＝ …
㉓ 20÷8＝ …
㉔ 12÷9＝ …
㉕ 52÷7＝ …

（　　分　　秒）

100わり計算(C型) 25 ②　名前

① 22÷8＝ …
② 50÷7＝ …
③ 33÷9＝ …
④ 31÷7＝ …
⑤ 10÷9＝ …
⑥ 40÷6＝ …
⑦ 62÷9＝ …
⑧ 12÷8＝ …
⑨ 50÷6＝ …
⑩ 26÷9＝ …
⑪ 30÷8＝ …
⑫ 31÷4＝ …
⑬ 16÷9＝ …
⑭ 23÷6＝ …
⑮ 60÷8＝ …
⑯ 40÷9＝ …
⑰ 15÷8＝ …
⑱ 61÷9＝ …
⑲ 10÷7＝ …
⑳ 30÷4＝ …
㉑ 15÷9＝ …
㉒ 51÷8＝ …
㉓ 44÷9＝ …
㉔ 60÷7＝ …
㉕ 25÷9＝ …

（　　分　　秒）

計算のさかのぼり指導4

| 4月 | 5月 | **6月** | 7月 | 8月 | 9月 | 10月 | 11月 | 12月 | 1月 | 2月 | 3月 |

わり算の筆算（÷1桁）

4年生の算数教材で最大のヤマ、「÷2桁のわり算」に向かって、「÷1桁のわり算」から「指かくし法」を使っていきます。

指かくし法では、よけいな数字をかくすので、商がどの位から立つか、何が立つかが、一目でよくわかります。

😊 すすめ方 「片手かくし」で商の位置を決める

○854÷3 の計算

どこの位から商が立つか調べるのが「片手かくし」。5を人さし指でかくす。このとき、「片手かくし！」とコール。8÷3 はできるので、百の位（8の上）に商が立つ。

よって「8÷3 は、ヨシ！」とコール。

○254÷3 の計算 （商が立たないとき）

「片手かくし！」と5を人さし指でかくす。2÷3 は0が立つが、最初の0は書かない。だから百の位には商は立たない。そこで、「2÷3 は、ダメ！」とコール。

次に、4を人さし指でかくす。これなら商が立つので、「25÷3 は、ヨシ！」とコール。つまり十の位に商が立つ。

⭐ ポイント・工夫 全員が指をノートにおいているか確認

「指かくし法」では、片手かくしグッズを板書で掲示して教えます。板書通りに、実際に指をノートにおかせて数字をかくすようにさせます。最初はきちんと指をおいているか、一人ひとり確認することも大切です。

● まとめや次への見通し

○次のわり算の筆算（÷2桁）でも、商の立つ位置は「片手かくし」を使います。そこにつなげていくように教えます。

片手かくしで商の立つ位置を決める

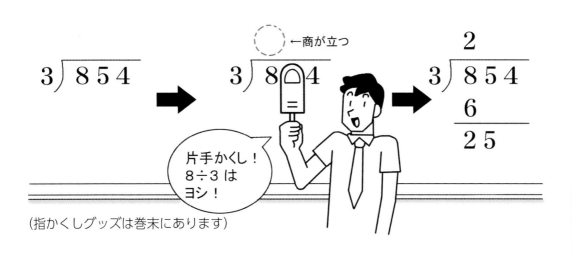

(指かくしグッズは巻末にあります)

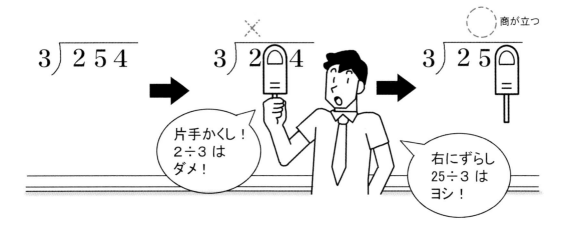

漢字辞典に親しむ

漢字辞典で、音や訓の読み方、使い方などを調べることができます。画数、組み立てている部分、その漢字を使った言葉も知ることができます。漢字辞典を使いこなすと漢字学習への興味や関心もぐっと高まります。

すすめ方
漢字辞典との出会い6か条

読みのわからない漢字を漢字辞典でわかることを体験させます。

①**共通の漢字辞典をもたせる（教室に常備する）**
②**総画索引でひかせる（総画ひき）**

「この字は何と読むでしょう？」と「蟬」を示します。「虫は6画」「単が9画」「合わせて何画？」「総画索引で15画のところを探してごらん」

③**部首索引でひかせる（部首びき）**

「この字は何と読むでしょう？」と「鮎」を示します。「何へんの漢字ですか？」「じゃあ、部首索引の魚へんで調べましょう」さらに、「蚊」も「虫へん」で調べさせます。

④**音訓索引でひかせる（音訓びき）**

「赤という字は、何の部を使っていると思いますか？」『土かな？』「では、音訓索引の『あか』でひいてごらん」『あ！赤の部があります』「青や白はどうかな」と調べさせます。

⑤**自分や家族、友だちの名前の漢字を調べる**
⑥**調べる機会を増やして、みんなで調べる**

ポイント・工夫
漢字辞典を教室に常備する

漢字辞典は、国語辞典ほどには日常的に使いません。ですから、自分の辞典をもつにこしたことはないですが、教室に人数分常備してあれば大丈夫だといえます。共通の辞典で調べるよさは、掲載ページが同じで効率的だということです。

● まとめや次への見通し

○わからない漢字や言葉を自分で調べて知識を得ていくことは、一人学習を自立してできるための、大きなステップです。漢字辞典や国語辞典に親しむ機会を年間通じてつくっていきます。

漢字辞典の３つのひき方

○ 総画索引

何と読むかわからないときは画数を調べます

蟬 15画

先生、せみと書いてありました

○ 部首索引

この字も何と読むかわからないね　魚へんがあるから魚の何かだね　魚へんで調べます

鮎 魚へん

先生、あゆと書いてありました

○ 音訓索引

この字は「あか」と読みますね。音訓索引で「あか」で調べます

赤 あか

先生、「あか」のほかは「セキ」「シャク」と読むようです

| 4月 | 5月 | 6月 | **7月** | 8月 | 9月 | 10月 | 11月 | 12月 | 1月 | 2月 | 3月 |

1学期の漢字復習

1学期の終わりに漢字のまとめテストをします。1学期に学習した漢字の50問テストです。漢字ドリルのまとめテストを使います。まちがった字を徹底練習させ、本テストで90点以上をめざします。

書き

😊 すすめ方
漢字ドリルで復習をする

新出漢字小テストがすべて終わると同時に50問テストに向けた練習をはじめます。テストの実施日を1週間後あたりに設定し、クラスの「イベント」として準備します。

○覚えている字・いない字をチェックして練習する

まず、次のように授業で進めます。
①1学期の新出漢字70～80字を、漢字ドリルの目次を見てノートに漢字を写す。
②漢字まとめテストを一度する。わからない字はあけておく。
③答え合わせをして、書けなかった字やまちがった字を漢字ドリルにチェックする。
④その字だけの漢字練習を学校と家庭でする。

次に送り仮名のある漢字の練習をさせたり、まちがいの多い漢字の練習をさせたりします。そして、第2回目の「うそテスト」をします。その上で仕上げの「漢字スペシャルプリント」で練習します。90点未満は再テストをします。「1回で90点取れたら合格。90点未満は再テスト」と基準を示すと子どもはがんばります。

⭐ ポイント・工夫
漢字スペシャルプリント

「うそテスト」でまちがえた漢字を集めて「漢字スペシャルプリント」をつくり、みんなで練習させます。みんなで取り組んでいることがやる気につながるのです。

● まとめや次への見通し
○2学期末も同じ取り組みを実施します。
○3学期末は4年生の新出漢字のまとめテストを実施します。

１学期の漢字を復習する

○ 漢字ドリルの目次を見て、漢字を写す

4年で習う漢字200字						
あ〜お	位 イ		栄 エイ			
	位置 十の位	7画	栄養 栄える	9画		
愛 アイ	囲 イ かこむ・かこう		塩 エン しお			
親愛 愛む	13画	周囲 囲む	7画	食塩 塩味	13画	
案 アン	胃 イ		億 オク			
案内 考案	10画	胃薬 胃腸	9画	一億 三億	15画	

○ 漢字まとめテスト

漢字まとめテスト					
① □(あい)する。	② □(い)□(あん)だ。	③ 二□(い)になった。	④ てきに□(かこ)まれる。	⑤ □(い)と腸。	

○「うそテスト」

○「うそテスト」でまちがえた漢字を、「漢字スペシャルプリント」で練習

漢字スペシャルプリント				
① □(あい)する。	② □(い)□(あん)だ。	③ いい	④ □(い)と腸	

○「本テスト」

学期末個人懇談会

保護者が個人懇談会で担任に教えてもらいたいことは、勉強がどれくらいできているのかということと、人間関係がうまくいっているのかという2点です。保護者が来てよかったと思える懇談会にしましょう。

すすめ方
個人懇談会は「サンドイッチ方式」で

「サンドイッチ方式」というのは、①ほめる→②課題を改善策とともに示す→③再びほめて終わる　というように、心地よさで課題をはさむ方法です。

○**子どもをほめることからはじめる**

図画や工作、作文などきらりと光る1つの作品を見せながら素敵な点をいいます。あるいは、学期を振り返ってみたとき、その子のがんばりをほめることからはじめます。これで保護者はまず嬉しくなります。

○**課題を改善策とともに示す**

通知表を示し、成績のよかった点や通知表を見るだけではわからないことを解説します。

次に、努力が必要なことや課題を話します。そのとき、担任自身はどのように導いていくか、保護者は何に気をつけてやればいいのかという改善策をセットで話すのがポイントです。人間関係でも同様です。

○**再びほめて終わる**

最後に学期を通じてよかったところをおさらいして再度話し、「どうぞほめてあげてください」といって締めくくります。

ポイント・工夫
個人懇談会、5つの準備物

①通知表（無理なら成績一覧表）　②子どもが書いた「○学期の反省アンケート」③子どもの作品（図工や作文など）④いうべきことをメモした「子どもノート」⑤当日、席を話しやすく配置する　の5点に配慮しましょう。

● まとめや次への見通し

○個人懇談会では、一方的に話すのではなく、保護者にも意見を聞いたり相談したりすることも大切です。2学期にも個人懇談会があります。1学期の課題がどうなったかを忘れないことです。

個人懇談会のポイント

○ 「ほめる」 ➡ 「課題と改善策」 ➡ 「ほめる」 のサンドイッチ方式

○ 5つの準備物

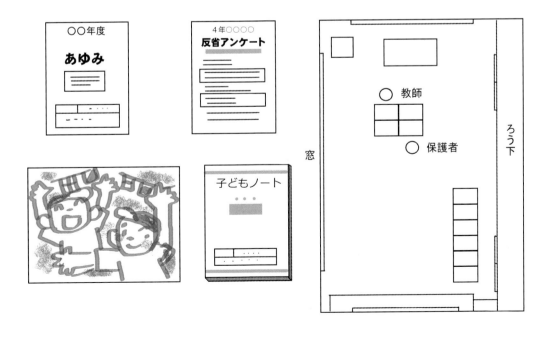

わり算の筆算1（÷2桁）

いよいよ４年の算数の最大のヤマ、「÷２けたのわり算」です。①四則計算の総決算であり、②考える力のモトを養い、③人格形成ともかかわる、大切な計算です。どの子もマスターできるよう指導を工夫しましょう。

すすめ方　あまりがないパターンで慣れる

○63÷21 の計算

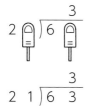

「片手かくし」は、商が立つ位を見つけるために用います。

ここから、「両手かくし」も必要です。「両手かくし」で、商に何が立つかを調べます。次のようにコールしながら進めます。

たてる！
　　片手かくし！
　　6÷21 は、ダメ！
　　63÷21 は、ヨシ！
　　（一の位に商が立つことを確認）
　　両手かくし！
　　6÷2 は、3（60÷20 と考えて）
かける！
　　21×3 は、三一が3、三二が6で、63
ひく！
　　63－63 は、0

ポイント・工夫　たてる・かける・ひく・おろす

わり算の計算は、「たてる」「かける」「ひく」「おろす」のくり返しでできます。この手順（アルゴリズム）を最初から意識しておさえていきます。（「おろす」は後の計算で出てきます）「わり算は、たてかけひくおさん」と印象づけます。

● まとめや次への見通し

○３桁÷２桁の基本形（92ページ参照）の教え方をしっかり把握しておきましょう。計算手順の意味がよくわかり、見通しがもて、教えやすくなります。

片手かくしで、商の位置、両手かくしで商を決める

あまりがない計算から取り組む

○ 片手かくし（商が立つ位を見つける）

○ 両手かくし（商に何が立つか見つける）

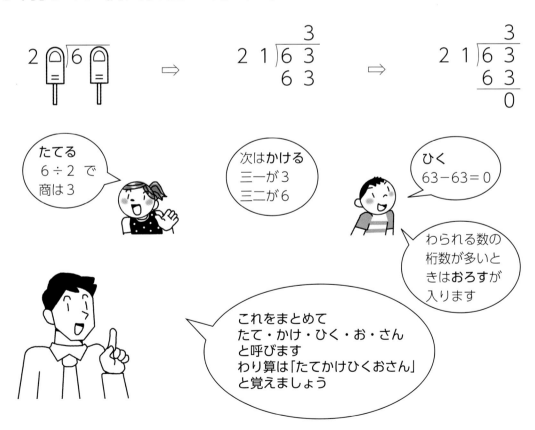

わり算の筆算1（÷2桁）

わり算の筆算2（÷2桁）

子どもがよくつまずくのが、立てた商を1ずつ小さくしていく仮商修正です。まずは、遅れがちな子も取り組みやすい方法を全員にマスターさせていくことが大切です。

すすめ方
「やり直し、たてる！」とコールする

○65÷26 の計算

60÷20 と考えて、はじめに見当をつけた商（仮の商と呼ぶ）3を立てます。でもひけないので、「やり直し、たてる！」とコールして「3を1小さくして2」とします。

```
     ̶3̶
26)6 5
   7 8
```
たてる！　片手かくし！　　6÷26 は、ダメ！
　　　　　　　　　　　　　65÷26 は、ヨシ！
　　　　　両手かくし！　　6÷2 は、3
かける！　26×3 は、三六 18、三二が 6で 78、オーバー！
やり直し、たてる！
　　　　　3を1小さくして2

```
     2
     ̶3̶
26)6 5
   5 2
   1 3
```
かける！　26×2 は、二六 12、二二が 4で 52、OK！
ひく！　　65−52 は、13
　　　　　65÷26 は、2あまり13

ポイント・工夫
仮の商も必ず書かせて×をつける

最初は、仮の商をきちんと書いて、かけ算をします。オーバーするので、3に×をつけ、その上に3を1小さくした「2」を書かせます。めんどうでもしばらくは続けます。ここを念頭操作にしてしまうと、遅れがちな子が混乱するからです。

まとめや次への見通し

○仮商修正が2回ならば、×を2回つけることになります。

仮商修正は確実に

○ 片手かくし

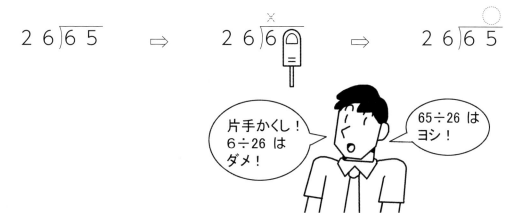

○ 両手かくし

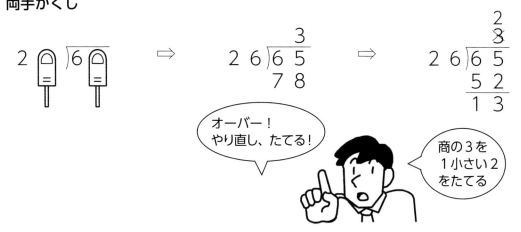

○ 仮商修正が2回ある問題

夏休み明けはこのように

夏休み明けの指導で大切なことは、第1に「夏休みモードから学校モードに」1日でも早く切り替えさせることです。
第2に「改めて学級開きをする」ことです。

😊 すすめ方
夏休み明けの指導、3つのポイント

○改めて学級開きをする

　長い休みで、子どもたちは学級のルールを忘れていたりします。提出物の出し方、朝の学習、給食当番や掃除当番の仕方、学習のルールなど、実際にやりながらていねいに確認していきます。席替えをし、新しい係を決めます。

○宿題の答え合わせはてきぱき進め、3日以内に返す

　「夏休みの宿題をもってくるのを忘れました」という子がいると、「ま、答え合わせは明日にするかな」と思いがち。でも、すぐにしましょう。始業式後、学級指導の時間にするのがベストです。集めたものは、2日間で必要なところの丸つけを終え、表紙に「よくがんばりましたね」と朱書します。3日目には必ず返しましょう。あっという間に9月が終わります。

○作品や自由勉強の発表会をし、その場で評価する

　図工の作品や自由勉強は、1人ずつ前で発表会をすると、評価や作品交流がいっぺんに効率よくできます。担任は、発表を聞きながら、工夫しているところ、いいところを付箋（大判）に一言書きます。作品にメッセージカードを貼って掲示・展示する訳です。

⭐ ポイント・工夫
宿題の答え合わせをテンポよく

　座席順に答えをテンポよくいわせます。答えが合っていたらみんなは「ハイ！」と答えます。「一番、530」「ハイ！」「二番、725」「ハイ！」…。さらにもっともいい方法は、答え一覧を事前につくっておいて配り、丸つけさせることです。とても効率的です。

まとめや次への見通し

○過ぎた夏休みの宿題の処理をずるずるひきずるよりも、てきぱきと処理しましょう。2学期の新しい宿題の処理や学習の準備にこそ情熱を注ぐことが大切です。

夏休み明け指導

○ 改めて学級開きをする

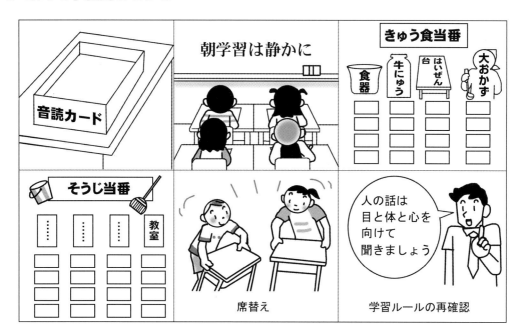

○ 宿題の答え合わせはてきぱきこなす

○ 作品、自由研究の発表会

夏休み明けはこのように　083

読み

読解力を伸ばす

文に沿って一語一語順を追って読み、問いに答える〜この方法で、読解力が伸び、国語のテストもできるようになってきます。一度や二度ではどの子もできるようにはなりません。文章を変えてくり返しましょう。

😊 すすめ方　読解力を伸ばす2つのステップ

この方法には2つのステップがあります。

たとえば、「カタツムリは、何のためにあらわれますか？」という問いに対して、次のステップで進めます。

○**ステップ1**…文章を読んで、答えが書いてある文を探し、文の横に線をひきます。このとき必ず言葉や文節でなく文を見つけます。2文でも3文でもOKです。

○**ステップ2**…次に、答えをノートに書きます。このとき大切なことは、問題の注文通りに答えることです。「何」と問われたら名詞で答える、「なぜ」と問われたら「〜だから」と答えるというように、問題と答えが対応していることが大切です。

はじめの答えの文に線をひくことをまちがった子がいても、そこでリセットして同じスタートラインでステップ2に入ることができます。

この方法では、自分の意見を聞いているのではないから、文がいっている通りに答えるということを忘れてはいけません。

⭐ ポイント・工夫　ステップ1で底上げを

ステップ1は、読解の苦手な子に大切なことなので、少し時間と手間をかけ、クラスの底上げをします。これが定着すれば、ステップ2からはじめる取り組みを1か月します。国語のテストで満点をとる子が増え、国語に自信をもたせることができます。

● まとめや次への見通し

○読解力を伸ばす指導は、物語文ではなく、説明文ではじめます。国語の答えも算数と同じように1つだと理解させやすいからです。

読解力を伸ばすステップ

○ ステップ１…答えの文に線をひく
○ ステップ２…問いに合わせた答えを書く

①「何？」に対して名詞で答える。

②「なぜ？」に対して「～だから」「～から」「～ので」と理由で答える。

③「筆者はどう表現しているか？」に対して文章からひき出して書く。

④「読んでどう思うか？」に対して自分の意見を書く。

『国語読解習熟プリント小学４年生』（清風堂書店）

読み

豊かな読書活動

読書の秋です。この時期に「読書月間」を設定し、いつもとは一味ちがう取り組みをして、子どもたちのモチベーションを上げ、読書の幅が広がるようにしていきましょう。

すすめ方 「読書月間」でさまざまな取り組みを

○**読書30冊への旅**

「読書5000ページへの旅」は一時お休みにし、次ページのようなカードをわたして「この1か月で30冊以上読もう」と、提案します。新たな気持ちで読書に励むようになります。

○**2時間続きの読書をしてみる**

1冊読み切る子もけっこう出てきて、本好きになります。

○**本の紹介を子どもたちで**

自分で読んだお気に入りの本を紹介させます。

①**カードに書かせる**

B5サイズのカードに、本の題名、作者、あらすじ、感想やイラストなどを記入させます。教師も書きましょう。

②**前で発表させる**

本の実物を見せながら、記入したカードをもとに本の紹介をさせます。希望者3人くらい発表させます。後日、カードは後ろに掲示しておき、毎朝日直に紹介させるようにします。

③**紹介された本を集めて、おすすめ本コーナーをつくる**

図書室や地域の図書館で借りてきましょう。

ポイント・工夫 おすすめ本コーナーでつながり合う

教室のなかにおすすめ本コーナーができると、紹介してもらった本に興味をもって、読んでみる子が出てきます。同じ本の話題で会話が弾むなど、読書活動で子どもどうしがつながって、クラスづくりにも大いにプラスになります。

まとめや次への見通し

○地域の図書館の集団貸し出しで、国語の物語や説明文教材に関連した本を借りて読み合うなど、テーマを決めて読書を進めるのもいいでしょう。日ごろと一味ちがう活動を工夫しましょう。

読書月間の取り組み

10月・読み

○ 読書30冊への旅

読書の秋です
1か月で30冊読み切る読書30冊への旅にでかけましょう

（巻末にあります）

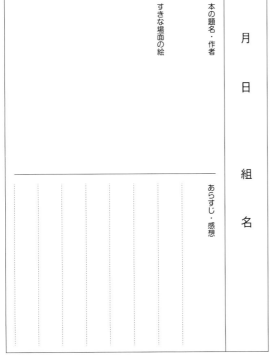

この本おもしろい！

わたしがおもしろいと思った本は…

豊かな読書活動　087

箱作文で大作にチャレンジ

作文が苦手な子も、「いつか長い作文を書いてみたい」と考えているものです。箱作文という方法を使うと、どの子も長い作文が書け、達成感が得られ、作文を書くことが好きになっていきます。

😊 すすめ方 区切って、テーマごと書いていく

○章立てを考え、細かく区切る

まず、文章全体の章立てを考えます。「はじめ」「なか」「おわり」または「起」「承」「転」「結」です。

さらにその内容を細かく区切っていきます。

> 例）わたしと犬のチャーリー
> 「はじめ」・わたしとチャーリーとの出会い
> 　　　　　・えさをはじめて食べたこと
> 「なか」　・いたずらしほうだい
> 　　　　　・迷い犬になったこと
> 「おわり」・家族の一員になった

○1つずつ書いていく

それぞれの章を原稿用紙1枚～2枚で書いていきます。1つのテーマで1時間を目安にします。

○全部をつないで再構成し1つの作文に

これで原稿用紙で10枚程度の大作ができあがります。

☆ ポイント・工夫 1時間で1つのテーマだけ書く

「今日はここだけ書きます」と、区切って書かせるので、毎時間ゴールが見え、苦手な子もがんばれます。段落も意識させやすくなります。また、この方法だと作文が得意な子と苦手な子の時間差が少なくなります。

● まとめや次への見通し

○会話も意図的に入れさせることで、生き生きとした作文になります。

箱作文

○ 文章の章立てを考える

重複した部分があっても気にしない。まずは、それぞれの項目ごとに作文を書かせる。

8まいも書いたよ！

題　ゆでぼし大根
はじめ
　うちのおばあちゃんのじまん
なか
　①つくり方
　②給食に出たとき
　③給食で思ったとき
おわり
　おばあちゃん、ありがとう

はじめ　うちのおばあちゃんのじまん

うちのおばあちゃんのじまん料理は「ゆでぼし大根」です。ゆでた大根を太陽にあててほしします。白い色からだんだんあめ色になってかわいていきます。

なか　①つくり方

毎年、一月につくっています。大根をむいて、小さく切って、いったんにます。日にあててほします。ひまがあるとうら返して……

なか　②給食に出たとき

ぼくはゆでぼし大根を食べる前に気がつきました。それは、ちょっと太めだったからです。食べてみると店で買ったのより、しるを……

なか　③給食で思ったこと

今日、給食にゆでぼし大根が出て、ぼくはちょっと考えていました。何を考えていたかは、「へらそうかな？でも、きらいじゃないし、……

おわり　おばあちゃん、ありがとう

ゆでぼし大根はとてもおいしかったです。どうしたらこんなにおいしいゆでぼし大根ができるんだろう。ゆでぼし大根が、昔からあるなんてはじめて知りました。ゆでぼし大根をつくるのにどんなに時間がかかるのかな。ゆでぼし大根をつくるのに、どんな工夫をしているのかな。知りたいです。

わり算の筆算３（÷２桁）

3桁÷2桁で、商が1桁のわり算の学習です。

両手かくしで、商が一の位に立つことをしっかり確認します。仮の商が9になる問題は難しいので、商が1桁であることを押さえます。

😊 すすめ方　どの位に商が立つかを確認させる

○217÷53 の計算

たてる！　片手かくし！　2÷53 はダメ！
21÷53 はダメ！　217÷53 はヨシ！
両手かくし！　21÷5 は、4　★
かける！　53×4 は、四三12、四五20で、212
ひく！　217−212 は、5

○327÷34 の計算

たてる！　片手かくし！　3÷34 はダメ！
32÷34 はダメ！　327÷34 はヨシ！
両手かくし！　32÷3 は、10
でも、答えは1桁だからダメ！
やり直し、たてる！　10を1小さくして9
かける！　34×9 は、九四36、九三27で、306
ひく！　327−306 は、21

10以上の数が「仮の商」に立つときは9を仮の商にします。

⭐ ポイント・工夫　手かくしのつまずきチェック

上記★で とかくして 2÷5 に頭をかしげる子がいます。原因は、①片手かくしで商がどこの位から立つかわかっていない、②はじめの両手かくしでは、「0」は立たないことがわかっていない、ということです。

● まとめや次への見通し

○片手かくしは商の位置を決める作業、両手かくしは商の数の見当をつける作業です。

4年の山場の計算は確実に

○217÷53（片手かくし）

（両手かくし）

○327÷34（片手かくし）

（両手かくし）

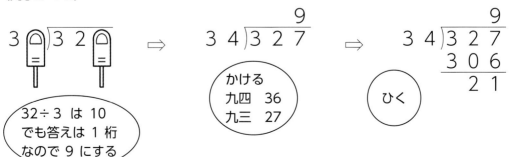

わり算の筆算4（÷2桁）

いよいよわり算の筆算（÷2桁）の基本形を学習します。これは、たてる、かける、ひく、おろす、たてる、かける、ひくのパターンです。

実践のしかた

○387÷12 の計算

```
    × ○
12)387
```

```
    3 2
12)3 8 7
   3 6
     2 7
     2 4
       3
```

たてる！	片手かくし！ 3÷12 はダメ！
	38÷12 はヨシ！
	（十の位に商が立つことを確認）
	両手かくし！ 3÷1 は、3
かける！	12×3 は、三二が6、三一が3で、36
ひく！	38−36 は、2
おろす！	7おろして、27
たてる！	★
	両手かくし！ 2÷1 は、2
かける！	12×2 は、二二が4、二一が2で、24
ひく！	27−24 は、3
	387÷12 は、32あまり3

ポイント・工夫 2回目の「たてる！」の指のおき方

2回目の「たてる！」（上記★）のときの指のおき方が要注意です。「両手かくし」の指が、左右でずれるからです。

27÷12 のわり算になるので、20÷10 と考えて、2÷1 で商を立てています。その意味をおさえます。

まとめや次への見通し

○教科書ではこの基本形の計算法をおさえた後の練習問題で、すぐに仮商修正のあるものを扱っています。これではできない子が続出です。まずは基本形の練習問題をたっぷりさせます。

わり算の筆算　基本型

○ 片手かくし

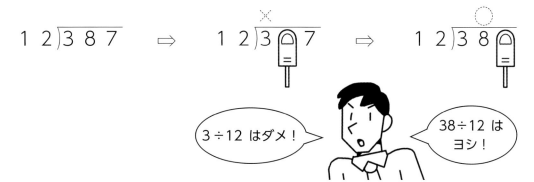

○ 両手かくし

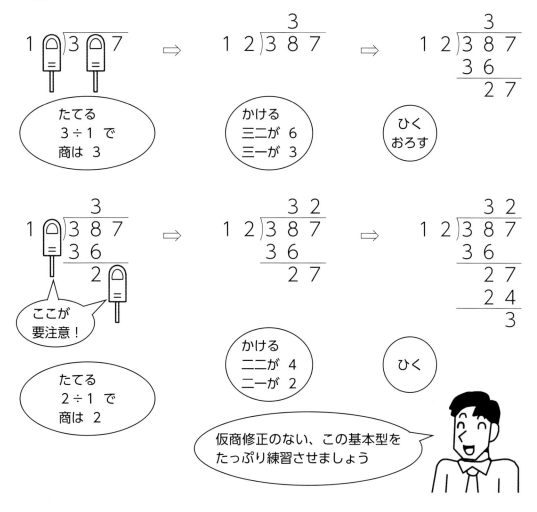

わり算の筆算5（÷2桁）

3桁÷2桁で、仮商修正があるわり算ができるようにします。ここでも、まずは仮の商を立てて、1ずつ小さくする方法からスタートします。そのことで遅れがちな子もできるようにさせます。

すすめ方 修正は根気よく、やり直しをさせる

437÷27 の計算をしましょう。

```
      2
27)4 3 7
    5 4
```

```
      1
      ×
27)4 3 7
    2 7
    1 6 7
    2 1 6
```

```
      1 ×
      × 8
27)4 3 7
    2 7
    1 6 7
    1 8 9
```

```
        6
      1 ×
      × 8
27)4 3 7
    2 7
    1 6 7
    1 6 2
        5
```

たてる！　片手かくし！　4÷27 は、ダメ！
　　　　　43÷27 は、ヨシ！
　　　　　両手かくし！　4÷2 は、2
かける！　27×2 は、二七14、二二が4で、54、オーバー！
やり直し、たてる！　2を1小さくして1
かける！　27×1 は、一七が7、一二が2で、27、OK！
ひく！　　43－27 は、16
おろす！　7おろして、167
たてる！　両手かくし！　16÷2 は、8
かける！　27×8 は、八七56、八二16で、216、オーバー！
やり直し、たてる！　8を1小さくして7
かける！　27×7 は、七七49、七二14で、189、オーバー！
やり直し、たてる！　7を1小さくして6
かける！　27×6 は、六七42、六二12で、162、OK！
ひく！　　167－162 は、5
　　　　　437÷27＝16 あまり5

☆ ポイント・工夫 「オーバー！」と「OK！」

仮商が大きすぎるときは「オーバー！」とコールします。1ずつ小さくして、ちょうどになったら、「OK！」とコールします。遊び心です。修正が2回、3回ある問題は要注意です。

仮商修正は根気よく

○ 片手かくし

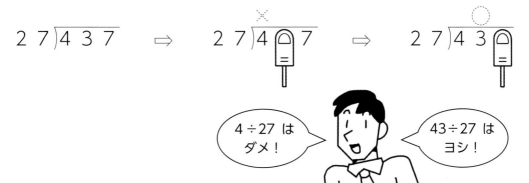

○ 両手かくし

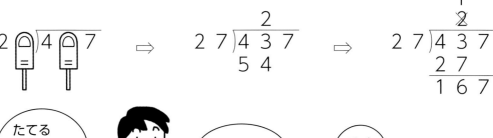

文学教材の指導１ ◎ごんぎつね

この有名な教材文は、ほとんどの教科書に出ています。４年生の子どもにとっては、「ひとりぼっちのごん」の心情に寄り添うことで、人物の心情について考えることのできる優れた作品です。前半では、情景描写について読解を深めていきます。

すすめ方 美しい情景描写を味わわせる

○**基本はスラスラ音読**

　11月にこの教材の学習をはじめるとしたら、逆算して２週間ぐらい前から音読の練習だけはスタートしていきます。文学的な表現が多様されているこの教材では、スラスラ音読できることが学習の前提になります。

○**難語句はていねいに理解させる**

　音読はできても、内容が理解できていなことが多いのもこの教材の特徴です。「小ぎつね」と「子ぎつね」のちがいからはじまって、「しだ」「菜種がら」「ぬかるみ道」など、なじみのない言葉がたくさん出ています。国語辞典を使ったり、他の言葉におきかえたりしながら、一つひとつをていねいに理解させるようにします。

○**同じ場面を２回学習することも**

　１回目は内容理解にとどめ、２回目に心情理解に進むつもりで、進めていくと、より理解が深まります。

ポイント・工夫 視点人物についてもふれておく

　最後の場面だけが、ごんの視点からではなく、兵十の視点から書かれていることは、有名なことです。この視点人物のちがいにも、内容理解の時点でふれておきましょう。

> ● まとめや次への見通し
>
> ○古典と呼ばれる教材は、現代っ子には理解できないことがたくさんあります。指導書の配当時数の通りに進まないからといって、焦る必要はありません。２度読みすることで、より深い理解へと進んでいけます。

文学教材の指導1

○ スラスラ音読できることが基本

2週間前	1週間前	教材学習
音読練習開始 →	グループで交替読み →	→

○ 難語句は国語辞典で調べる

「しだ」があったよ
うらじろ、わらび、ぜんまいなどの草をまとめていう呼び名ですって

日かげに生える花はさかないほうしでふえるとあるよ

○ 内容理解

【ごん】	【兵十】
山の中にすんでいた、いたずら好きの子ぎつね	
雨上がりの小川で兵十を見かける	はりきりあみでうなぎやきすをとっていた
兵十がいないとき、とった魚をにがし、兵十に見つかった	
兵十のおっかさんが死んだ	兵十の家でそう式があった
死ぬ前に兵十はうなぎを食べさせたかっただろうと思った	
いわし売りからいわしを5、6ぴきとって、兵十の家になげこんだ	いわし売りにぬすびとと思われ、なぐられた
山でひろったくりや松たけを兵十の家にとどけた	
くりを兵十の家にとどける	兵十はくりの話を加助にした
	加助は、神様が兵十をかわいそうと思いめぐんでくださるといった
ごんは、うたれた	物置でなわをなっていたきつねを見つけ、火なわじゅうでうった
	土間にくりがあった

文学教材の指導2 ◎ごんぎつね

前半では、作品の情景描写について理解を深めました。その共通認識に立って、ごんの心情とすれちがう兵十の心情とについて、対比しながら読み深めていきます。また、最後の場面の、視点人物が変わっていることにも着目させます。

すすめ方 ごんと兵十の対比を中心に

○**場面ごとの対比で**

ごんと兵十の心情を対比させるために、表を使うとよりよくわかります。ごんと兵十の心情を吹き出しに書き表したり、その場面での表情を考えたりさせると、より具体的に理解できます。

○**動作化も取り入れて**

お念仏について行くごんと兵十、加助の立ち位置や、最後の場面のうら口から入っていくごんと物置にいる兵十のようすなどを、動作化することで、理解が深まる場面も多いです。

○**最後の場面は余韻をもって終わる**

「火なわじゅうをばたりと」という場面は、あまりにも有名です。お互いの心情が理解できたなら、あまり深入りせずに、余韻をもって終わりましょう。「ごんは幸せだったのか」などと話し合わせることもできますが、あまり時間を取り過ぎないようにします。

☆ポイント・工夫 オノマトペ、擬人法などの指導を

心情に触れさせるとともに、オノマトペ、擬人法、比喩表現などの表現用語の指導も大事です。4年生も後半に入って、作品の表現について考える力もついてきている子どももいます。

● まとめや次への見通し

○ごんと兵十の心情に同化することができたことで、次は異化の段階に進むことができます。このステップが作品を客観的に見る力の基礎となっていきます。

文学教材の指導2

二 【ごん】

十日ほどたって　兵十の家の前でそう式とわかり、兵十のうちのだれが死んだ
昼すぎ、村の墓地に行きかくれる
【辺りのようす】
いい天気で屋根のかわらが光っている。ひがん花が赤くさいている
村の方からカーン、カーンとかねがなる　そう式の出る合図
死んだのは、兵十のおっかさんだ
【そのばん考えたこと】
兵十のおっかあはうなぎが食べたいといったにちがいない　だから兵十はうなぎをとったんだ　それをいたずらしてにがした　兵十はおっかあに食べさせることができなかった　おっかあはうなぎが食べたいと思って死んだにちがいない　あんないたずらしなければよかった

【兵十】

家の中に大ぜいの人が集まっていた　よそ行きの着物で、大きななべで何かにている

白い着物を着たそう列の者が見えはじめた
兵十は白いかみしも、いはいをさげて、しおれた姿でくる

四 【ごん】

月のいいばん　細い道の向こうから話し声が聞こえた　道のかた側にかくれる
二人の後をつけていく
小さくなって立ち止まる
うそだと思うなら見にこい、これは本当のことなんだ
二人はだまって歩く
加助がひょいと後ろを見た
加助は気づかず、また歩き出す
【吉兵衛の家のようす】
ポンポン木魚の音がする　しょうじに明かりが差して大きなぼうず頭がうつっている
三人ほどが吉兵衛の家に入った

【兵十】

兵十と加助が話しながらくることが起こる、それはとても不思議なちにくりや松たけを毎日おいてあることを話す

吉兵衛の家に入った

おねんぶつだと思い、いどのそばにしゃがむ
おきょうを読む声が聞こえた

わり算の筆算が苦手な子への指導

わり算の筆算（÷2桁）は、難しく、つまずいてしまう子が多いのも現状です。つまずきを考えていろいろな手立てでこの課題を克服して自信をつけさせましょう。

 すすめ方
つまずきの原因を明確に

○かけ算が遅い

九九はスラスラ出ますか。とくに7の段、8の段、4の段はどうでしょうか。そんなときには、右ページの「九九おたすけシート」をもたせて、わり算に取り組むのも1つの方法です。また、67×6 などの計算でくり上がりのあるものも要注意です。余白を利用してかけ算の筆算をさせて、正確にできているか確認させましょう。

○ひき算が不正確

くり下がりのあるひき算は正しくできていますか。

14－8 などの基礎計算の遅い子には「くり下がりおたすけシート」をもたせましょう。

○商を見つけるのに時間がかかる

基本わり算の未定着が考えられます。24÷3＝8 などがパッと出ないとき、「九九おたすけシート」をもたせましょう。

片手かくし法・両手かくし法がごちゃごちゃになっている場合があります。片手かくし法は、商の立つ位置を決める作業です。わる1桁の筆算から導入することをおすすめします。

また、両手かくし法は、商の数の見当をつけるための作業です。

そのことを子どもたちにわかりやすく印象づけましょう。

片手かくし…商の位置（ヨシ・ダメ）。

両手かくし…たてる・かける（オーバー・OK）・ひく。

 ポイント・工夫
手かくし法は遅れがちな子向き

手かくし法は遅れがちな子どもでも取り組みやすい方法です。

● まとめや次への見通し

○わり算の筆算（÷2桁）は小学校の計算では最大の山場といえます。ゆっくりていねいに指導しましょう。

わり算のおたすけシート

○ 九九おたすけシート

かけ算九九表

1のだん		
1×1=	いんいち が	1
1×2=	いんに が	2
1×3=	いんさん が	3
1×4=	いんし が	4
1×5=	いんご が	5
1×6=	いんろく が	6
1×7=	いんしち が	7
1×8=	いんはち が	8
1×9=	いんく が	9

2のだん		
2×1=	にいち が	2
2×2=	ににん が	4
2×3=	にさん が	6
2×4=	にし が	8
2×5=	にご	10
2×6=	にろく	12
2×7=	にしち	14
2×8=	にはち	16
2×9=	にく	18

3のだん		
3×1=	さんいち が	3
3×2=	さんに が	6
3×3=	さざん が	9
3×4=	さんし	12
3×5=	さんご	15
3×6=	さぶろく	18
3×7=	さんしち	21
3×8=	さんぱ	24
3×9=	さんく	27

4のだん		
4×1=	しいち が	4
4×2=	しに が	8
4×3=	しさん	12
4×4=	しし	16
4×5=	しご	20
4×6=	しろく	24
4×7=	ししち	28
4×8=	しは	32
4×9=	しく	36

5のだん		
5×1=	ごいち が	5
5×2=	ごに	10
5×3=	ごさん	15
5×4=	ごし	20
5×5=	ごご	25
5×6=	ごろく	30
5×7=	ごしち	35
5×8=	ごは	40
5×9=	ごっく	45

6のだん		
6×1=	ろくいち が	6
6×2=	ろくに	12
6×3=	ろくさん	18
6×4=	ろくし	24
6×5=	ろくご	30
6×6=	ろくろく	36
6×7=	ろくしち	42
6×8=	ろくは	48
6×9=	ろっく	54

7のだん		
7×1=	しちいち が	7
7×2=	しちに	14
7×3=	しちさん	21
7×4=	しちし	28
7×5=	しちご	35
7×6=	しちろく	42
7×7=	しちしち	49
7×8=	しちは	56
7×9=	しちく	63

8のだん		
8×1=	はちいち が	8
8×2=	はちに	16
8×3=	はちさん	24
8×4=	はちし	32
8×5=	はちご	40
8×6=	はちろく	48
8×7=	はちしち	56
8×8=	はっぱ	64
8×9=	はっく	72

9のだん		
9×1=	くいち が	9
9×2=	くに	18
9×3=	くさん	27
9×4=	くし	36
9×5=	くご	45
9×6=	くろく	54
9×7=	くしち	63
9×8=	くは	72
9×9=	くく	81

○ くり上がり・くり下がりおたすけシート

※くり上がり（たし算）は上下逆さに印刷されています。

9+1=10								
8+1=9	8+2=10							
7+1=8	7+2=9	7+3=10						
6+1=7	6+2=8	6+3=9	6+4=10					
5+1=6	5+2=7	5+3=8	5+4=9	5+5=10				
4+1=5	4+2=6	4+3=7	4+4=8	4+5=9	4+6=10			
3+1=4	3+2=5	3+3=6	3+4=7	3+5=8	3+6=9	3+7=10		
2+1=3	2+2=4	2+3=5	2+4=6	2+5=7	2+6=8	2+7=9	2+8=10	
1+1=2	1+2=3	1+3=4	1+4=5	1+5=6	1+6=7	1+7=8	1+8=9	1+9=10

10-1=9								
10-2=8	11-2=9							
10-3=7	11-3=8	12-3=9						
10-4=6	11-4=7	12-4=8	13-4=9					
10-5=5	11-5=6	12-5=7	13-5=8	14-5=9				
10-6=4	11-6=5	12-6=6	13-6=7	14-6=8	15-6=9			
10-7=3	11-7=4	12-7=5	13-7=6	14-7=7	15-7=8	16-7=9		
10-8=2	11-8=3	12-8=4	13-8=5	14-8=6	15-8=7	16-8=8	17-8=9	
10-9=1	11-9=2	12-9=3	13-9=4	14-9=5	15-9=6	16-9=7	17-9=8	18-9=9

※どちらもコピーして、切りとって、パウチしてください。

リズムを意識して

リズムをつけてみんなで唱えると子どもたちは集中し、クラスが活性化します。とくに日ごろやんちゃな子がノリノリになることが多いので、とても楽しい雰囲気をつくることができます。

☺ すすめ方 リズム口唱法を意識的に取り入れる

○用語を覚えるリズム口唱法

たとえば、算数の時間。
「…(説明の後)これを四捨五入といいます。ではみんなでいってみましょう。さん、ハイ！」「四捨五入!!」「女の子！」「四捨五入！」「男の子！」「四捨五入！」「1班！」「四捨五入！」「6班！」「四捨五入！」「2班と5班！」「四捨五入！」「朝ごはん食べた人！」「四捨五入!!」…このように、リズムよく変化をつけながら唱える方法は、いろいろ応用がききます。

○難解漢字のリズム口唱法

学習するときに、リズム口唱法を取り入れると、子どもが楽しみながらくり返すので、定着度が増します。

愛…ノツワ　心ク右ばらい　　差…ソ王ノエ
観…ノ二　イノ丁三見る　　　最…日に長い取る

○答え合わせもリズムよく

「4．5」「ハイ！」「5．7」「ハイ！」「8．8」「ハイ！」…

☆ ポイント・工夫 計算のリズム口唱法、リズム漢字

わり算の筆算（÷2桁）（78ページ～）でもリズム口唱法がベースになっています。みんなで手順をリズムよく唱えます。

リズム漢字（22ページ～）もすぐれた教材です。リズムよく唱えることでみんなの心もつながり、いいムードになります。

● まとめや次への見通し

○次のおすすめ実践「かっとばせ！都道府県」もリズムがよく、子どもは熱中します。リズムを意識すると、いろいろとアイディアもわいてきます。ぜひお試しください。

リズムでノリノリ授業

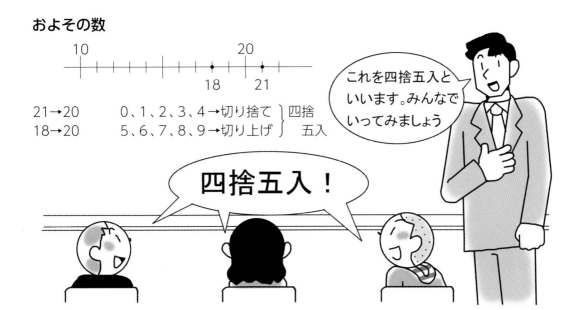

リズムを意識して

おすすめの実践

かっとばせ！都道府県

> 都道府県名と位置をリズムよく楽しく覚えることができるのが、この「かっとばせ！都道府県」です。「茨城・栃木・群馬・千葉、埼玉・東京・神奈川、かっとばせー関東！」と、すべて、♪タン、タン、タンタンタンのリズムで野球の応援団のように唱えることができるすぐれものです。

(1) 準備

巻末のカードを画用紙の表裏になるように印刷します。黒板掲示用に、拡大したものを用意します。教師自身が読む練習を十分しておきましょう。

(2) 進め方

① 導入

「4年生は知っている世界がぐんと広がる時期です。都道府県名を覚えると、毎日のニュースで県名が出てきてもよくわかるし、物知りになって楽しくなります。都道府県名を楽しく覚える方法があるよ」と話して、黒板に拡大したカードを掲示し、教師が唱えて見せます。「かっとばせー」のところはこぶしを振り上げると感じが出ます。子どもたちは興味津々です。やってみようか、と呼びかけてカードを配ります。

「最初の北海道だけタンのリズムです。あとはタン、タン、タンタンタンのリズムです。気をつけてほしいのは、ひろしま・やーまぐち、というところ、かがわ・とくしま・えひめ・こうち、というところです」と注意点を教えて、さっそく子どもたちといっしょに練習していきます。

唱え方がわかったら自分で練習させます。近くの子と唱え合いがはじまることでしょう。

② 暗唱する

毎日1回は朝の会や社会科の授業の冒頭で、「かっとばせ！都道府県」を唱え合うようにします。元気が出ます。ほどなく、暗唱する子も出てきます。「すごい！」とほめてみんなの前で披露してもらうと、大いに刺激になり、ぼくも！私も！と覚えようとする子が増えてきます。

③ 地図で位置をさしながら唱える

ほぼ暗唱できたら、カードの裏の日本地図を見て指さしながら唱えさせるようにしていきます。唱える順に番号がふってあります。この取り組みで、都道府県とその位置がしっかりと頭に刻みこまれていきます。

4年生は地理的・空間的認識がぐんと伸びる時期です。都道府県名とその位置を覚えたり、地図帳に親しませたりすることはきわめて大切な営みです。

（図書啓展作　巻末にあります）

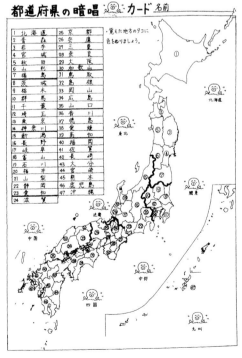

かっとばせ！都道府県

算数の進度が遅れたら

4年生の算数は、重要な教材が目白押しです。おまけに定着するのに時間がかかります。進度が進まない、気がつけばまるまる1つも単元が遅れていた、など悩みがつきません。どうすればいいのでしょうか。

すすめ方
緊急避難は「ロケット算数」で

○**授業を「教える」＋「問題練習」の2部構成**

教えるときは、一問一答で誘導するように進めます。

例)「1枚あたりのちがいはどんな式になりますか？」「60－40です」「それが5枚分だからどんな式になりますか？」「(60－40)×5です」「計算しましょう」「100円です」

○**1.5時間方式で時間を確保する**

毎日、1.5時間算数をします。まず算数を1時間やり、休み時間をはさんでもう0.5時間算数を。残りの0.5時間は、他教科でその日学習内容が少ない教科を選びます。この1.5時間で普通の授業の2時間分を進むのが目標です。

○**練習問題をこなすワザ**

①一度にたくさんさせず、小刻みに区分けしてさせる（時間差・学力差を広げないため）。

②教科書に答えを書き込めるものはそうする。

③ワークやドリル類が残っていたら答えを見ながらさせる。

④教科書の練習問題が残っていたら終わりの会の後にさせる。

⑤宿題が大量にならないように注意する。

ポイント・工夫
それでも時間がたりないときは

「1.5時間法」を駆使しても時間不足の場合は、期間限定で、毎日2時間算数をします。ただ5日間が限度でしょう。また、2時間以上連続はやらないことです。子どもの意欲や集中力が極端に落ちます。

● **まとめや次への見通し**

○根本的な解決策は、日常的に①長期的な進度表②毎時間授業メモでここまでやるという計画です。「算数進度の悩みを解消！ロケット算数」岸本ひとみ著（フォーラム・A）をおすすめします。

遅れた進度はこの本でとりもどせ

算数進度の悩みを解消！ ロケット算数

小学校全学年　岸本ひとみ 著

フォーラム・A

目次＊算数進度の悩みを解消！ ロケット算数

はじめに …… 3

第❶章　算数パニックがおこっている

全国で先生たちが悲鳴をあげている …… 8
どうしてこんなことに！？ …… 9
1　教える量は30％増し、時間数は16％増し、今までのやり方では当然ムリ！ …… 9
2　算数授業への思い込みがあなたを苦しめています。…… 11
3　あなたの授業にムダはありませんか。…… 12
4　子どもの学習能力の弱さにも原因があります。…… 13
5　算数の授業で悩んでいるのはあなただけではありません。…… 14

第❷章　進度がベタ遅れなら即、手を打つべき！ …… 15

あわてるべからず「ロケット算数」作戦で乗り切ろう！ …… 16
作戦1　《教える》+《問題練習》＝ロケット算数──時間を大幅短縮する。…… 17
作戦2　「1.5時間方式」で時間を確保する。…… 21
作戦3　この裏ワザで練習問題をこなす。…… 23

コピーして使おう❶　計算方法を印象づけるお役立ちグッズ！原寸大　24
（小数テントウ虫！、手かくし法、カケルちゃん！）

第❸章　根本的な解決策に取り組もう　27

進度に遅れを出さない5つの方策 …… 28
1　マイプラン（指導計画）を立て　1単元ごとにチェックします。…… 29
2　授業メモを作って1日を迎えます。…… 31
3　「さかのぼり指導」で子どもの学習能力を向上させます。…… 34
4　あなたの授業のムダをダイエット …… 37
　❶子どもをいきいきと授業に参加させる。…… 37
　❷教師が前もって問題を全部解いてみる。…… 39
　❸大事なことに時間をかけよう。…… 40
　❹「逆算方式」で、教科書の練習問題は授業でやりきる。…… 42
　❺「チェック＆ゴー方式」で子どもの学力差・時間差を縮める。…… 43
　❻個別指導の時間は短く、内容は的確にする。…… 45
5　あなたの授業を「ずぼら算数」でたのしくします。…… 47

おもしろくてわかる　ずぼら算数MENU
①10までの数の合成・分解（1年）～さくらんぼ・とと口の歌　50
②くり上がりのあるたし算（1年）～さくらんぼ・ピーナツ計算　53
③くり下がりのあるひき算（1年）～さくらんぼ・ピーナツ計算　56
④かけ九九（2年）～サンドイッチ方式　59
⑤わり算（3年）～「ニコニコわり算」と「ドキドキわり算」　63
⑥÷2けたのわり算（4年）～指かくし法　67
⑦小数のかけ算（4年・5年）～波のりチャップ方式・カケルちゃん方式　71
⑧小数のわり算（4年）～シュワッチ方式　76

⑨小数のわり算（5年）～ピコン・シュワッチ方式　80
⑩分数のたし算・ひき算（5年）～さかさわり算たすきがけ　85
⑪単位量あたりの大きさ・速さ（5年・6年）～田型の図　90
⑫割合（5年）～田型の図　95

第❹章　困ったちゃん算数で乗り切る　101

どの子も授業に参加したいと思っている …… 102
1　3つの考え方で手立てをうってどの子も授業に参加できるようにします。…… 103
2　「なんで！？」とあきれる前に学習用具を点検してみよう。…… 104
3　落ち着きのない子には…　体を動かす活動を入れます。…… 106
4　こだわりの強い子には…　気を散らさない工夫をします。…… 108
5　計算力が弱い子は…　スモールステップで習熟させます。…… 109
6　補助手段やお助けグッズを活用します。…… 111

第❺章　わり切ってアレンジ算数で乗り切る　113

重要単元に力を注ぐオリジナル指導計画 …… 114
1　単元を入れ替える・軽重をつけるで重要単元に力を注ぎます。…… 116
2　学年・学校でアレンジできれば子どもはもっと伸びます。…… 119

コピーして使おう❷　計算実態調査（1年～6年）／補助数字（赤ちゃん数字）シート／100マス計算・計算星取表／けんていカード

百人一首を楽しもう

百人一首に取り組むことで、遊びながら日本の豊かな文化に触れることができます。また、男女問わず仲良くなり、学級づくりにつながります。

すすめ方
百人一首で学級づくり

○準備

学級が32人なら8セット用意します。4人で1セットの割合です。1セット100枚ですが、それを20枚ずつ5組に分けます。その際、百人一首の一覧の順にしておくと使いやすいです。

それぞれ1番〜20番赤、21番〜40番黄色、41番〜……というようにカラー輪ゴムでとめておきます。1回のゲームは20枚でします。読み札も取り札（下の句）もカラー輪ゴムでとめておきます。

○対戦ルール（散らし取りグループ戦）4人1組、札20枚

教師が読み札を読んでやります。
①手は後ろに組む。
②教師が読みはじめたら、下の句を取ってもOK。
③2人が同時に札を押さえた場合は、ジャンケンで決める。
④静かになったら、次の句を読む。
⑤お手つきは、1回休み。
⑥20首終え、多く取った方が勝ち。

リーグ戦、源平戦などいろいろな形で楽しむことができます。

ポイント・工夫
はじめは4人から

最初の散らし取りも、後の源平戦も4人で楽しむようにします。2人での対戦は実力差が出ることがあり、盛り上がらない場合が多いです。

● まとめや次への見通し

○ゲームと平行して、百人一首の暗唱を進めていきます。

百人一首

○ 準備

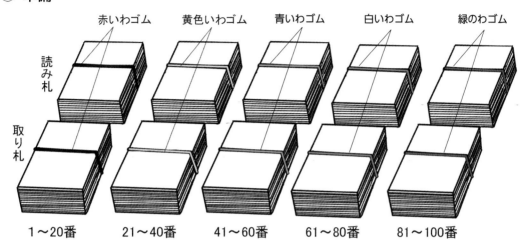

○ 対戦ルール
　①手は後ろに組む。
　②教師が読みはじめたら取る。
　③同時のときはジャンケンで決める。
　④静かになったら、次の句を読む。
　⑤お手つきは、1回休み。

群読にチャレンジ

群読は一人や複数の人数を取り交ぜて読み、表現効果を高める音声表現です。詩や文をクラスみんなで表現します。声をいっしょに出すことで、クラス一人ひとりの気持ちがつながります。

すすめ方
リズムのある詩からはじめる

リズムのある詩からはじめると子どもたちは乗ってきます。

谷川俊太郎の「かっぱ」などがおすすめです。リズミカルで、おもしろい詩に子どもたちはノリノリです。

①題名・著者名を教師が読む。　②１行目を女子が読む。
③２行目を男子が読む。　　　　④３行目を全員で読む。
⑤４行目を女子が読む。　　　　⑥５行目を男子が読む。
⑦６行目を全員で読む。　　　　⑧６行目をくり返す。

次に、クラスを３つに分けて読む行を割りふって読ませたりします。分け方に変化をつけて群読にチャレンジしましょう。

子どもたちが声をいっしょに出すことによって、クラスの一体感が生まれます。

さらに、群読には脚本が必要です。上のような台本形式のほか、２段・３段形式などがあります。慣れてきたら、いろいろな脚本にもチャレンジしましょう。

群読の本はいろいろ出ていますので、参考にしてください。

ポイント・工夫
声の出し方の指導をどうするか

群読は、明瞭で大きな声で読むことが基本です。でも、「大きな声で！」と、促すだけでは大きな声にはなりません。次ページのような「声のものさし」を掲示し、声の大きさの基準を示して、「４の声で」「５の声で」と、声かけをします。

● まとめや次への見通し

○群読を使った学習参観、群読形式の呼びかけで６年生を送る会など、応用が利きます。

群読を楽しむための脚本

練習風景

　１列目のソロ、２列目のアンサンブル（３人）、４列目・５列目のコーラスが順に読んだり、重ねて読んだりして楽しさを伝えます。
　私のお気に入りは、大阪のお祭りを題材にした「どいてんか」（島田陽子作）です。楽しい群読にチャレンジしましょう。『家本芳郎と楽しむ群読』（高文研）

『パッと使える　こんな場面にこんな群読』（フォーラム・A）

2分の1成人式◎将来の夢

4年生になると、自分を客観的に見つめる力と、時間の経過が理解できるようになります。将来の夢も、少しずつ現実味が出てきます。この機会に仕事観や、どんな大人になりたいかをじっくり考え、それを作文の形にしてつづらせます。

指導は一斉で

○つきたい仕事を発表させる

2分の1成人式を迎えるといっても、はっきりした仕事観をもっている子どもは、まだ少ないです。友だちの「〜になりたい」という希望を聞いて、自分の将来の仕事について改めて考える方が多いのです。一度、全員のなりたいものを板書してみます。

○どんな大人になりたいかもつけ加える

つきたい仕事と合わせて、どんな大人になりたいかも考えさせます。「やさしいお母さん」「たくましいJリーガー」などです。どうして、そう考えたのかも作文に入れていくと、より内容に深まりが出ます。

○原稿用紙半分枚程度にまとめる

つきたい仕事、めざす大人像、それぞれ100字ずつ書けば、原稿用紙半分になります。100字は3文か4文です。書いたものを保護者の前で発表するのですから、あまり長いものにならないように、まとめさせます。

なかなか書けない子には

友だちの書いたものを参考に、少しアレンジを加えて書くことも認めます。原稿用紙の使い方も改めて指導します。1行目は題、2行目は氏名、書き出しと段落は1字下げ、などを確認しておかないと、書き直すところが多くなり、子どもたちの意欲が減退してしまいます。

まとめや次への見通し

○文章に表現することも大事ですが、たくさんの保護者やゲストティーチャーの方の前で、堂々と発表することの方に重点をおいて指導します。

将来をつづらせる

一月○日（：）
わたしのつきたい仕事

　わたしのつきたい仕事

○○○○

　わたしは将来、小学校の先生になりたいと思います。そのための勉強もしっかりやりたいと思います。中学・高校・大学と進学して、大阪市の小学校に勤めたいと思います。先生として子どもたちと楽しく過ごしたいと思います。

　わたしのめざす大人像

□□□□

　わたしがめざす大人像は、やさしくて、まわりの人から信頼される大人になりたいと思います。困っている人がいたら、すぐに声をかけます。なやみを聞いたりして、手助けのできる大人になりたいです。

| 4月 | 5月 | 6月 | 7月 | 8月 | 9月 | 10月 | 11月 | 12月 | **1月** | 2月 | 3月 |

2分の1成人式◎家族への感謝

生意気ざかりの4年生。これまで育ててくれた家族への感謝の気持ちをこめて、ミニ生い立ちの記を書くよう指導します。小さいころの思い出、エピソード、そのときの家族の気持ちなどに触れ、照れながらも文章に表現していくことができます。

書き

すすめ方
2年生の生活科ファイルなどを使う

○「大きくなったぼく＆わたし」を使う

　2年生でつくった成長の記録などを参考に小さかったころの思い出を再構成して、作文にまとめていきます。
　思い出で100字程度にまとめさせます。

○家族への感謝で100字

　低学年と大きくちがうのは、家族への感謝の気持ちをもつことができるようになっているところです。大病をしたとき、けがをしたときなど、家族の支えがあったからこそ、今の自分があるということを、改めて感じるはずです。

○2分の1成人式の歌の練習も

　音楽の時間に、歌の練習もはじめます。2月末か3月初旬が、2分の1成人式の本番ですから、それに向けてスピーチの練習もはじめていきます。

ポイント・工夫
実行委員会を立ち上げて

　4年生も3学期になると、自分たちで行事を運営する力も必要になってきます。この2分の1成人式を通して、司会、あいさつ、プログラムの立案などを学べるように進めていきます。

● まとめや次への見通し

- ○一人ひとりが原稿用紙1枚程度（約1分）のスピーチをするので、当日の会場の確保や、保護者への参加の呼びかけもこの時期から進めていきます。
- ○書き上げたものは、最後に文集にして全員に渡せるように準備をしておくといいでしょう。

家族への感謝をつづらせる

　大きくなったわたし

　わたしは二年生のころの身長は一一二センチでした。まわりから「チビ」と呼ばれて、いやだなと思いました。
　四年生になっても一三八センチになりました。もう「チビ」とはいわせません。一六センチものびました。

　　　家族への感謝

　昨年の春、ぼくはサッカーの試合で足の骨を折ってしまい、しばらく病院に入院しました。たまに大好きなケーキも買ってきてくれました。両親は毎日病室に来てくれました。とてもおいしかったです。ありがとう。

2分の1成人式◎家族への感謝

小数のかけ算

小数のかけ算では、積(かけ算の答え)の小数点をどこに打つかがポイントです。4年生では、小数×整数だけなので、積の小数点の位置は、かけられる数の小数点の位置と同じになります。

😊 すすめ方 小数点は、「ストーン!!」

○2.13×6 の計算

```
  2.13
×    6
 1278
```

①小数点は無視して、整数どうしのかけ算と考え、計算します。

```
  2.13
× ↓ 6
 12.78
```

②かける数の小数点を「ストーン」と落として、積につけます。
「ストーン!!」というところをみんなで唱えて、楽しく印象づけましょう。

○1.45×56 の計算

```
    1.45
 ×   56
    870
   725
  81.20
```

子どもがよくまちがうのは、積の最後の0の消し忘れです。
このような問題は、0をとるので、トル型と名づけて指導をします。

⭐ ポイント・工夫 0の消し方は

トル型の0を消すときは、左上から右下に斜め線をひきます。

15.60→15.6̸0

もし、逆に、右上から左下に斜め線をひくと、数字の「1」のようになってしまうからです。 7.80→7.8̸0

● まとめや次への見通し

○小数点が出てくるだけで抵抗感を感じる子にも、「まずはふつうのかけ算をすればいいんだよ」と、けっして難しくないことを強調します。次の小数のわり算も同様です。

小数点の打ち方を印象づける

```
   2.1 3          2.1 3          2.1 3
 ×    6    →    ×    6    →    ×    6
                 1 2 7 8        1 2.7 8
```

2.13と6を右そろえに書きます

ふつうのかけ算をします

小数点を「ストーン」と落とします

さあ、みんなも計算しましょう 小数点は…

「ストーン」と落とす

○ トル型の指導

```
    1.4 5
  ×  5 6
    8 7 0
  7 2 5
  8 1.2 0
```

答えは 81.2

積が 81.2̸0 ⇐トル型

積が 81.03 ⇐ト̸ル̸型̸

0はとれません

小数のかけ算　117

小数のわり算１

小数÷整数の計算です。計算はあっているのに、商に小数点をつけ忘れるミスがよくあります。では、どうするか？ 計算する前に小数点をつけてしまえばいいのです。「シュワッチ方式」は、それを印象づけます。

😊 すすめ方 商の小数点を先につける

○7.5÷5 の計算

　商の小数点は、わられる数の小数点の真上につけます。ウルトラマンが、空に向かって真上に飛んでいくように、「シュワッチ！」とコールして、商の小数点を先につけてしまいましょう。後は、ふつうの整数のわり算と同じ計算です。これが「シュワッチ方式」です。

	7.5÷5 の場合、まずシュワッチ！！
	小数〜テントウムシ！（笑）
	（小数点の位置にテントウムシの絵を貼る）
	たてる！　片手かくし　7÷5 はヨシ！　7÷5 は1
かける！	一五が5
ひく！	7－5 は、2
おろす！	5おろして25
たてる！	25÷5 は、5
かける！	五五25
ひく！	25－25 は、0
	7.5÷5 は、1.5

☆ ポイント・工夫 いろんな型にネーミングする

　小数のわり算には、いろんな型があります。右ページのように、それぞれの型にネーミングして教えると学習しやすくなります。ネーミングは、この例にとらわれず、子どもたちといっしょに考えると、より楽しい学習になります。

● まとめや次への見通し

○小数のわり算はもっとも難しい計算です。この学習までに整数のわり算がスラスラできるように力を注ぎましょう。そうすれば小数点の処理だけに集中できます。

商の小数点はシュワッチ方式で

小数点をつければ
あとはふつうのわり算！

前ツケ型

$7 \overline{)4.76}$ ⇒ $7 \overline{)4.76}^{0.}$ ⇒ $7 \overline{)4.76}^{0.6}$ 　5 ⇒ $7 \overline{)4.76}^{0.68}$ 　42 　56 　56 　0

「シュワッチ！」

後ツケ型

$12 \overline{)17.4}$ ⇒ $12 \overline{)17.4}^{1.}$ 　12 　5 ⇒ $12 \overline{)17.4}^{1.5}$ 　12 　54 　48 　6 ⇒ $12 \overline{)17.4}^{1.55}$ 　12 　54 　48 　60 　60 　0

「シュワッチ！」

前後ツケ型

$32 \overline{)240}$ ⇒ $32 \overline{)240}^{0.8}$ 　224 　16 ⇒ $32 \overline{)240}^{0.85}$ 　224 　160 　160 　0

「シュワッチ！」

後ろに0を書きたす

小数のわり算2

小数のわり算で四捨五入やがい数が出てくると、とたんに子どものまちがいが増えます。でも大丈夫！ 四捨五入する数を四角で囲めばわかりやすい！ 四角方式でやってみましょう。

🙂 すすめ方 四捨五入する数を□で囲む

○ 12÷7 の商を $\frac{1}{100}$ の位までのがい数に

この計算は、わり切れません。「$\frac{1}{100}$ の位までのがい数」ですから、「$\frac{1}{1000}$ の位」まで商を出します。

$\frac{1}{100}$ の位の上に○をつけます。

1. 7 1̊ 4̄　　1つ小さい位の数字を□で囲みます。

⇩　　□の数字を四捨五入します。

1. 7 1̊ 4̄　　4は切り捨てます。答えは1.71になります。

これを**四角方式**と名づけます。

○ 12÷7 の商を上から1桁のがい数に

上から1桁までのがい数にするということです。

1̊. 7̄　　上から1桁の数字の上に○をつけます。

⇩　　1つ小さい位の数字を□で囲みます。

1̊. 7̄　　□の数字を四捨五入します。

2　　7はくり上がります。答えは2になります。

☆ ポイント・工夫 商が0.34で「上から1桁」なら

たとえば商が0.34になったときに「上から1桁のがい数」にする場合は、はじめの0は桁として数えません。ですから、右のように四捨五入して答えは0.3になります。　　0.3 4̄

● まとめや次への見通し

○4年生にとって、小数のわり算をすることはとても難しいことです。じっくりステップをふんで指導し、5年での小数÷小数の計算につないでいきましょう。

四捨五入とは

○ かんたんに復習

○ 商をどこまで求めるか

○ $\frac{1}{100}$の位までのがい数　　　　○上から1桁のがい数

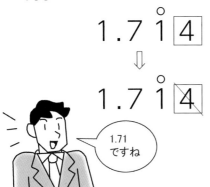

「リズム漢字」で漢字の総復習

子どもたちが楽しみながら漢字のまとめができるようにさせたい…そんな願いにぴったりなのがリズム漢字です。リズム漢字を活用し、4年生の漢字をマスターさせて5年生に進級させましょう。

リズム漢字の進め方（リズムでおぼえる漢字学習：清風堂書店の活用）

○まず、スラスラ読めるようにする

- 読みシートをつくる：画用紙の表に読みがな入りのリズム漢字を、裏に読みがななしのリズム漢字を印刷する。
- 「お経」のようには読まず、意味のまとまりや熟語で切るような読み方を心がけさせる。
- 読みがな入りをスラスラ音読できるようにさせる…朝のあいさつの後、国語の授業のはじめを日課にする。
- 次に、読みがななしのシートを音読させる。

○書きシートで書く練習をし、うそテスト→本テストへ

- 薄めに印刷し、読みがなを書くとともに、漢字をなぞる。
- 読みがなを見て漢字を書くシートで練習。わからない漢字は読みシートを見てもよいことにする。隣どうしで採点。これを2回する。
- 「うそテスト」をする。同じシートで漢字を書いていく。わからなくても読みシートは見ない。隣どうしで採点。まちがった字は4回ずつ練習。（これが大切！）
- 最後に「本テスト」。これは担任が採点する。

☆ポイント・工夫 いつするのか？

漢字の総復習は毎日して効果があります。そのためには、

- 新出漢字の指導を1月中に終えてからはじめる。
- 国語の授業のはじめ15分〜20分を使う。
- たりないときは朝の学習や終わりの会の時間を使う。

● まとめや次への見通し

○慣れてきたら、本テストで平均90点越えが普通になってきます。4年生の漢字の定着は高学年の学力の土台になり、教科書がスラスラ読めていきます。

リズム漢字で総復習

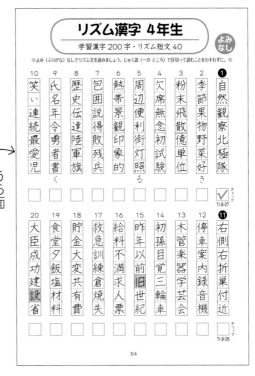

薄めに印刷

うそテスト・本テスト

「リズム漢字」で漢字の総復習

| 4月 | 5月 | 6月 | 7月 | 8月 | 9月 | 10月 | 11月 | 12月 | 1月 | **2月** | 3月 |

分数のたし算

分数のたし算やひき算の学習には、分数タイルを活用すると教えやすく、子どももよく理解できます。たし算では、難しい「くり上がり」のところが分数タイルによってわかりやすくなります。

☺ すすめ方
分数タイルでわかる「1くり上がり」

○ $\frac{4}{5}+\frac{3}{5}$ の計算の仕方を考える

$$\frac{4}{5}+\frac{3}{5}=\frac{7}{5}$$
$$=1\frac{2}{5}$$

- $\frac{4}{5}$ は $\frac{1}{5}$ の4つ分、$\frac{3}{5}$ は $\frac{1}{5}$ の3つ分です。
- たすと、$\frac{1}{5}$ の7つ分になるので、$\frac{7}{5}$ になります。
- 分数タイルを使って仮分数を帯分数に直します。
  $\frac{7}{5}=1\frac{2}{5}$

○ $2\frac{3}{5}+\frac{4}{5}$ の計算の仕方を考える

$$2\frac{3}{5}+\frac{4}{5}=2\frac{7}{5}$$
$$=3\frac{2}{5}$$

- 分数部分をたします。
- 分数タイルを使って仮分数を帯分数に直します。
  $\frac{7}{5}=1\frac{2}{5}$
- 整数部分が1くり上がり、答えは
  $2\frac{7}{5}=3\frac{2}{5}$

☆ ポイント・工夫
わかれば「1くり上がり」の練習を

分数タイルを使うと、$\frac{7}{5}=1\frac{2}{5}$ と、整数部分が1くり上がることがよくわかります。このことがわかれば、127ページのような1くり上げる練習プリントをとりたてて練習をすればすぐできるようになります。

● まとめや次への見通し

○ひき算では、逆に「1くり下がり」が登場します。でも、たし算で分数タイルを使ったり、練習をしたりしていればひき算もすぐに理解できます。

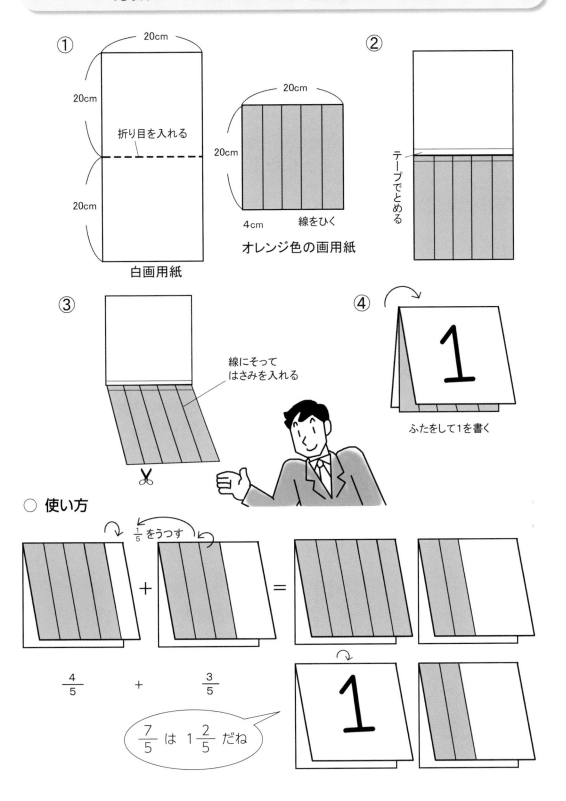

分数のひき算

分数のひき算の学習には、分数タイルを活用して難しい「くり下がり」のところをわかりやすく教えましょう。とくに $3\frac{1}{5} - \frac{4}{5}$ のような整数部分を1だけくり下げる計算がポイントです。

😊 すすめ方 分数タイルでわかる「1くり下がり」

○ $1\frac{2}{5} - \frac{4}{5}$ の計算の仕方を考える

$$1\frac{2}{5} - \frac{4}{5} = \frac{7}{5} - \frac{4}{5}$$
$$= \frac{3}{5}$$

- 分数タイルを使って帯分数を仮分数に直します。
  $1\frac{2}{5} = \frac{7}{5}$
- $\frac{7}{5}$ は $\frac{1}{5}$ の7つ分、$\frac{4}{5}$ は $\frac{1}{5}$ の4つ分で、ひくと $\frac{1}{5}$ の3つ分で、$\frac{3}{5}$

○ $3\frac{1}{5} - \frac{4}{5}$ の計算の仕方を考える

$$3\frac{1}{5} - \frac{4}{5} = 2\frac{6}{5} - \frac{4}{5}$$
$$= 2\frac{2}{5}$$

- 整数部分の1だけを分数タイルを使って仮分数に直します。
  $3\frac{1}{5} = 2\frac{6}{5}$
- $2\frac{6}{5} - \frac{4}{5}$ なので
  答えは $2\frac{2}{5}$

⭐ ポイント・工夫 わかれば「1くり下がり」の練習を

分数タイルを使うと、$3\frac{1}{5} = 2\frac{6}{5}$ と、整数部分が1くり下がることがよくわかります。このことがわかれば、右ページのような練習プリントで練習をすればすぐできるようになります。

● まとめや次への見通し

○分数は扱う数字が小さいので、計算が苦手な子も比較的できるようになります。5年生では異分母分数の計算を学習します。4年生で帯分数のまじった計算の練習をたっぷりしておくことです。

分数タイルのひき算

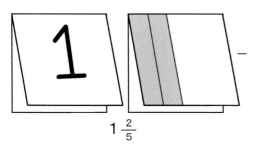

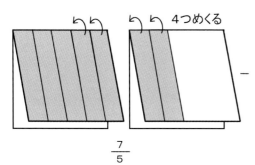

整数 ⇒ 分数　練習プリント　名前（　　　）		分数 ⇒ 整数　練習プリント　名前（　　　）	
整数部分を1だけ分数にしましょう。		整数部分に1だけ直した分数にしましょう。	
① $1\frac{1}{3} = \frac{}{3}$	⑪ $4\frac{1}{5} = 3\frac{}{}$	① $\frac{7}{5} = 1\frac{2}{5}$	⑪ $3\frac{6}{5} = 4\frac{}{}$
② $1\frac{1}{4} = \frac{}{4}$	⑫ $4\frac{1}{6} = 3\frac{}{}$	② $\frac{9}{8} = 1\frac{}{8}$	⑫ $3\frac{10}{9} = 4\frac{}{}$
③ $1\frac{2}{5} = \frac{}{}$	⑬ $5\frac{1}{7} =$	③ $\frac{4}{3} = 1\frac{}{}$	⑬ $6\frac{3}{2} =$
④ $2\frac{1}{4} = 1\frac{5}{4}$	⑭ $3\frac{2}{5} =$	④ $1\frac{5}{3} = 2\frac{}{3}$	⑭ $2\frac{9}{7} =$
⑤ $2\frac{1}{3} = 1\frac{}{3}$	⑮ $2\frac{1}{4} =$	⑤ $1\frac{6}{5} = 2\frac{}{5}$	⑮ $3\frac{7}{5} =$
⑥ $2\frac{3}{5} = 1\frac{}{}$	⑯ $1\frac{1}{5} =$	⑥ $1\frac{5}{4} = 2\frac{}{}$	⑯ $1\frac{11}{6} =$
⑦ $3\frac{1}{6} = 2\frac{}{6}$	⑰ $3\frac{1}{7} =$	⑦ $2\frac{8}{7} = 3\frac{}{7}$	⑰ $2\frac{7}{4} =$
⑧ $3\frac{2}{3} = 2\frac{}{}$	⑱ $4\frac{1}{8} =$	⑧ $2\frac{7}{5} = 3\frac{}{}$	⑱ $\frac{13}{7} =$
⑨ $3\frac{1}{5} = 2\frac{}{}$	⑲ $2\frac{2}{7} =$	⑨ $2\frac{5}{4} = 3\frac{}{}$	⑲ $1\frac{3}{2} =$
⑩ $4\frac{1}{2} = 3\frac{}{2}$	⑳ $3\frac{1}{4} =$	⑩ $3\frac{5}{3} = 4\frac{}{3}$	⑳ $2\frac{7}{6} =$

2分の1成人式

校長先生はもちろん、保護者やゲストティーチャーの方にも、参加してもらうので、子どもたちも大変緊張します。卒業式に次ぐ一大イベントと位置づけて、準備を入念にします。

すすめ方 実行委員会に任せる

○司会、あいさつなどの練習

実行委員がすべてを仕切るとはいっても、そこは子どものこと、緊張もします。司会やあいさつなどの原稿は、最低1週間前には仕上げて、推敲して、それから暗唱できるように練習や、リハーサルを重ねます。

○演出も大切に

小さかったころの写真をパワーポイントを使って編集したり、1年生からの音楽会の演奏をBGMに流したりと、演出も効果的に使いましょう。スピーチの発表順も、子どもたちと相談して、考えていきます。

○サプライズの手紙

1月に小さいころの写真を集める際に、保護者から子どもたちへのメッセージを集めておきます。これは、当日までのサプライズとして、子どもたちには伏せておくと、演出効果抜群です。

ポイント・工夫 時間には余裕をもって

当日は、緊張や感動で気分が悪くなってしまう子どももいます。とくに、保護者からのサプライズプレゼントの場面では、号泣してしまう子どもも出ます。プログラムを組み立てるときには、時間に余裕をもたせておくと、感動もより深まります。また、個人情報への配慮が必要です。

● まとめや次への見通し

○当日参加して下さった方へのお礼の手紙を書いたり、出会ったときにあいさつができるようになっているといいですね。

○保護者から届いた感想を通信に載せて、成長の喜びが実感できるように企画していきましょう。

2分の1成人式

2分の1成人式プログラム
- 開会宣言
- 司会
- 校長先生あいさつ
- 来賓あいさつ
- わたしのつきたい仕事
- わたしのめざす大人像
- 家族に乾杯
- サプライズ企画
- 歌
- 閉会のあいさつ…担任

計算の総復習

4年生で学習した計算が、どの子もスラスラとできる力をつけて5年生に送りたいものです。それが最高の進級プレゼントになります。2月半ばから「計算のまとめ百点大作戦」と銘打って集中的に取り組みましょう。

すすめ方 計算のまとめ百点大作戦

○計算テストをつくる

まず、右ページのような1年間に学習した計算のテストをつくります。問題数は10問。1問10点、百点満点です。これがゴールであり、みんなで百点満点をとるのが目標です。

○練習プリントを用意する

テストの第1問は小数のたし算です。そこで小数のたし算だけの練習プリントを用意します。ポイントはいろいろな型が混じって網羅されていることです。同じように、小数のひき算、混合算、分数のたし算、分数のひき算、わり算、小数のかけ算、小数のわり算の練習プリントをそれぞれ用意します。

○クラスで宣言し、学級通信でも知らせてムードを高める

○練習プリントに取り組む

学校で1枚、宿題で1枚、つまり同じ問題で2回します。まちがった問題だけ必ずもう一度させます。これがポイント。

○総合問題で最後のツメをする

まちがいが多かった問題だけを集めたスペシャル問題や、本番によく似たプリントで練習させます。

ポイント・工夫 遅れがちな子をどうする

遅れがちな子は、このようにクラスあげて取り組む熱気の中でやる気を高め、個別指導もやりやすくなります。教え合いを奨励し、クラスづくりとして取り組むのです。教師はまちがい直しのチェックをしっかりしてやります。

● まとめや次への見通し

○4年生の計算ができれば、中学校までつながる力が育つといわれます。やりきりましょう。

計算のまとめ百点大作戦

練習プリントに取り組む

4 月　日　名前（　　　　　）

★筆算に直して計算しましょう。（1つ10点・計20点）

① 4.56 + 6　　② 4 − 2.14

★次の計算をしましょう。（1つ10点・計80点）

③ 4 + 3 × 2 =

④ $\frac{3}{7} + 4\frac{2}{7} =$

⑤ $1\frac{6}{7} - \frac{2}{7} =$

⑥ 4)823　（あまりももとめましょう）

⑦ 42)252

⑧ 18)428　（あまりももとめましょう）

⑨ 3.4 × 2.9

⑩ 18)10.8　わりきれるまで計算しましょう。

答え合わせ

↓

まちがえた問題を集めたスペシャル問題

次の計算をしなさい。

① 4.23 + 5　　② 5 − 3.42

③ $1\frac{2}{5} - \frac{4}{5}$　　④ 24)184

⑤ ………

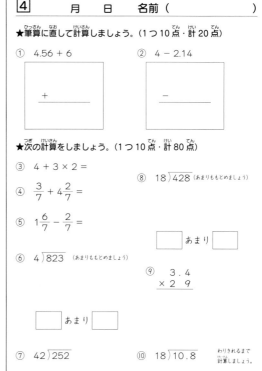

学級通信　4の1　2月10日

めざせ百点
　四年一組は全員で「めざせ百点」を合いことばに「計算のまとめ百点大作戦」を行っております。……

クラス解散パーティー

1年間、ともに学びともに遊んで高め合ってきたクラスも、いよいよ解散のときが近づいてきました。「クラス解散パーティー」を企画し、最後の思い出づくりをしていくことをおすすめします。

すすめ方 誰が、いつ、何をするのかを明確に

○最後の思い出づくりと、「漢字総復習」や「計算総復習」終了の打ち上げをかねて「クラス解散パーティー」を企画する

○班長会議でプログラム案をつくる

上記のねらいを確認し、おおまかなプログラム案（右ページ参照）をつくります。

○クラス会議でプログラム案を提案し承認を得る

班長の代表が提案し、意見を求め、承認を得ます。その中で、出し物を呼びかけます。

○役割分担を決める

司会、はじめのことば、おわりのことば、飾りつけ、掲示用プログラムづくり、看板づくり、ゲームなど役割分担を決めます。

○練習時間、準備時間を取り、指導を入れる

司会やあいさつは空でいえるように練習させます。

出し物も質的に高いものになるよう指導を入れます。

○練習は、目の前にお客さんがいるように進める

練習段階から当日の運営まで、お客さんが見ているという意識をもたせます。凛々しく教室文化にふさわしい取り組みとなります。

ポイント・工夫 自発性の発揮と指導のバランスを

学級活動は子どもの自発性だけに頼り、結果的に指導放棄になっている場合がよくあります。逆に教師が仕切りすぎるのも学年末にはふさわしくありません。子どもがキラキラ輝くパーティーにするには適切な指導が必要です。

● まとめや次への見通し

○4年生で完結するわけではありません。学級活動が真に花開く5・6年生への準備だと位置づけて取り組む視点をもちましょう。

クラス解散パーティーの準備

(漢字実態調査)

年　　組　名前（　　　　　　　）

かんじ 3

★——のところを　漢字に　直しましょう。

1. あんしん
2. ぜんぶ
3. うつ
4. こおり
5. たいらにする
6. びょういん
7. さむい
8. はしをわたる
9. こうふく
10. かつ
11. かぞく
12. てつでできている
13. はこ
14. としょかん
15. だいいっかい
16. のうぎょう
17. あそぶ
18. たび
19. かんじる
20. かいだん

ひらがなプリント例

あ	あ			か	か		
い	い			き	き		
う	う			く	く		
え	え			け	け		
お	お			こ	こ		
さ	さ			た	た		
し	し			ち	ち		
す	す			つ	つ		
せ	せ			て	て		
そ	そ			と	と		

手本をよく見て、たてに書きましょう。
1回ごとに進歩していくはずです。

かたかなプリント例

ア	ア			カ	カ		
イ	イ			キ	キ		
ウ	ウ			ク	ク		
エ	エ			ケ	ケ		
オ	オ			コ	コ		
サ	サ			タ	タ		
シ	シ			チ	チ		
ス	ス			ツ	ツ		
セ	セ			テ	テ		
ソ	ソ			ト	ト		

(計算実態調査)

③ 月 日 名前（   ）

★次の計算をしましょう。（1つ10点）

①
```
   3 2 2 9
 + 1 2 7 9
```

②
```
   1 0 0 0
 -   2 4 7
```

③ 16 × 5 =

④ 40 × 8 =

⑤ 28 ÷ 7 =

商を整数で求め、あまりを出しましょう。

⑥ 41 ÷ 6 =   …

⑦
```
     2 7 4
 ×       7
```

⑧
```
     4 6 3
 ×     7 5
```

⑨
```
   4 . 9
 + 5 . 6
```

⑩ $1 - \dfrac{2}{3} =$

100マス計算（　　）

月　　　日　　名前

　　　　　　点　　　　　　　　分　　　　　　秒　　時間内に
　　　　　　　　　　　　　　　　　　　　　　　　　できた数
　　　　　　　　　　　　　　　　　　　　　　こ

家庭訪問カード ★お手数ですが、御記入の上、訪問時にお渡しください。

年　　組（　　　　　　　　）

家でのふだんのくらし

※○印を

①起床時刻は　　朝、　　時　　分ごろに ｛自分で／起こされて｝ 起きる。

②就寝時刻は　　夜、　　時　　分ごろに　ねる。

③毎朝の排便は　ア、毎日ある　イ、ときどき　ウ、ほとんどない

④朝食は　　　　ア、毎日とる　イ、ときどき　ウ、ほとんどとらない

⑤歯みがきは　　ア、朝晩毎日　イ、｛朝／晩｝だけ　ウ、あまりしない

⑥手伝いは　　　ア、よくする　　　　　　イ、ときどき
　　　　　何を（　　　　　　　　）（　　　　　　　　　　　　）
　　　　　　　　ウ、あまりしない

⑦テレビを見る時間は
　　　　　ア、1日1時間以内　イ、1～2時間　ウ、2～3時間
　　　　　エ、3時間以上

⑧家で読書を　　ア、よくする　イ、ときどき　ウ、あまりしない

⑨よく遊ぶ友だちの名前　（　　　　　　　　　　　　　　　　）

お子さんをみつめて

①お子さんのよいところ、長所を3つ教えてください。
　○

　○

　○

②直したいところ、努力してほしいところを1つ教えてください。
　○

③要望などありましたら、お書きください。

　　　　　　　　　　　　　　　　　――ありがとうございました。

5000ページへの旅

年　　組　名前

感想 ◎○△	さつ数	読み始め 月／日	本　の　名　前	この本のページ			
				るい計			
・	・	・	・これまで読んだ本のページ数るい計				
		／					
		／					
		／					
		／					
		／					
		／					
		／					
		／					
		／					
		／					

たくさん読みましたね。新しい記録用紙をもらいましょう。

実物大！指の貼り物イラスト

コピーして厚紙に貼り、色をつけてください。
裏には、マグネットや棒を貼ります。

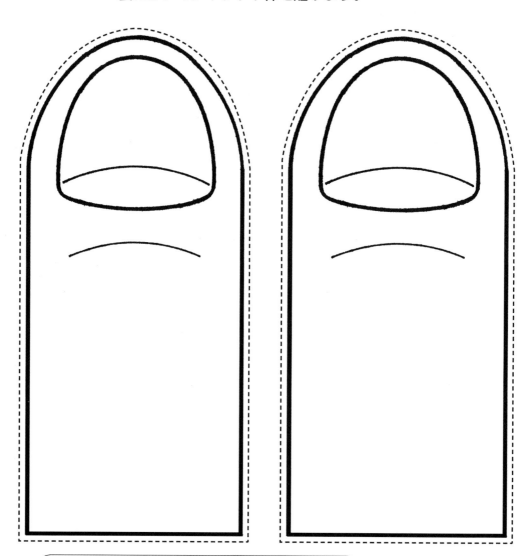

「整数のわり算」の授業で、この貼り物を使って「手かくし法」で教えます。
「片手かくし」では1本、「両手かくし」では2本。
上手に利用してみてください。

読書30冊への旅

年　　組　　名前（　　　　　　　）
🌹よかった　〇ふつう　△よくなかった

（30冊分の本の形をした記入欄。各欄に「さつ目」「本の題名」「読みおわった日」「感想」の記入スペースあり）

- 本が読めたら、題名、読み終った日などを書きましょう。
- 感想を🌹、〇、△でつけましょう。

かっとばせ！ 都道府県

名前（　　　　　　　　　）

①北海道！

②青森・岩手・宮城　秋田・山形・福島　かっとばせー　東北！
　Ｖ　Ｖ　ＶＶ　Ｖ　Ｖ　ＶＶ

③茨城・栃木・群馬・千葉　埼玉・東京・神奈川　かっとばせー　関東！
　Ｖ　Ｖ　ＶＶ　Ｖ　Ｖ　ＶＶ

④新潟・長野・岐阜　富山・石川・福井　山梨・静岡・愛知
　Ｖ　Ｖ　ＶＶ　Ｖ　Ｖ　ＶＶ　Ｖ　Ｖ　ＶＶ

　かっとばせー　中部！

⑤滋賀・京都・兵庫・三重　奈良・大阪・和歌山　かっとばせー　近畿！
　Ｖ　Ｖ　ＶＶ　Ｖ　Ｖ　ＶＶ

⑥鳥取・島根・岡山　広島・山口　かっとばせー　中国！
　Ｖ　Ｖ　ＶＶ　ＶＶ　ＶＶ

⑦香川・徳島・愛媛・高知　かっとばせー　四国！
　Ｖ　Ｖ　ＶＶ

⑧福岡・佐賀・長崎　大分・宮崎・熊本　鹿児島・沖縄
　Ｖ　Ｖ　ＶＶ　Ｖ　Ｖ　ＶＶ　Ｖ　Ｖ　ＶＶ

　九州ー沖縄！

ファイト!!

都道府県の暗唱カード　名前

覚えた地方のタコに色をぬりましょう。

1	北海道	25	京都
2	青森	26	兵庫
3	岩手	27	三重
4	宮城	28	奈良
5	秋田	29	大阪
6	山形	30	和歌山
7	福島	31	鳥取
8	茨城	32	島根
9	栃木	33	岡山
10	群馬	34	広島
11	千葉	35	山口
12	埼玉	36	香川
13	東京	37	徳島
14	神奈川	38	愛媛
15	新潟	39	高知
16	長野	40	福岡
17	岐阜	41	佐賀
18	富山	42	長崎
19	石川	43	大分
20	福井	44	宮崎
21	山梨	45	熊本
22	静岡	46	鹿児島
23	愛知	47	沖縄
24	滋賀		

北海道　東北　関東　近畿　中国　中部　四国　九州

著者紹介

図書　啓展（ずしょ　ひろのぶ）
大阪市公立小学校教諭

『算数習熟プリント４年　中・上級』（清風堂書店）
『新任教師からできる奇跡の学級づくり』（共著、フォーラム・Ａ）
学力の基礎をきたえどの子も伸ばす研究会　常任委員長

学力の基礎をきたえどの子も伸ばす研究会（＝学力研）
　1985年岸本裕史代表委員を中心に「学力の基礎をきたえ落ちこぼれをなくす研究会（＝落ち研）」として発足、2001年に現名称に改称。
　発足以来、すべての子どもに「読み書き計算」を中軸とした確かな学力をつける実践の研究と普及に取り組んできた。近年、子どもと保護者の信頼をつかむ授業づくりや学級づくりの研究も進めてきている。
　常任委員長　図書啓展
　　事務局　〒675-0032　兵庫県加古川市加古川町備後178-1-2-102　岸本ひとみ方
　　　　FAX　0794－26－5133

全国に広がる学力研　検索

図解　授業・学級経営に成功する
４年生の基礎学力－無理なくできる12か月プラン

2016年４月20日　初版　第１刷発行

　　　　　　監修者　学力の基礎をきたえどの子も伸ばす研究会
　　　　　　著　者　図書　啓展　ⓒ
　　　　　　発行者　面屋　龍延
　　　　　　発行所　フォーラム・Ａ

〒530-0056　大阪市北区兎我野町15-13
電話　（06）6365-5606
FAX　（06）6365-5607
http://foruma.co.jp/
振替　00970-3-127184
制作編集担当・蒔田司郎

カバーデザイン―クリエイティブ・コンセプト／イラスト―斉木のりこ
印刷―(株)関西共同印刷所／製本―立花製本
ISBN978-4-89428-838-6　C0037